Recettes végétariennes

carnet de cuisir

LAROUSSE

21 rue du Montparnasse 75283 Paris Cedex 06

Édition originale

Cet ouvrage a été publié pour la première fois en 2013 sous le titre *Vegetarian* par McRae Publishing Ltd.

© 2013 McRae Publishing Ltd

Édition : Anne McRae
Direction artistique : Marco Nardi
Photographies : Brent Parker Jones
Textes : Carla Bardi

Édition française

Direction éditoriale : Catherine Maillet
Édition : Coralie Benoit
Traduction : Tina Calogirou
Direction artistique : Emmanuel Chaspoul
Réalisation : Belle Page
Couverture : Véronique Laporte et Angélique Noyelle

ISBN : 978-2-03-589024-5
Dépôt légal : mai 2013
Imprimé en Chine

Tous droits réservés. Aucune partie de cet ouvrage ne peut être reproduite, sous quelque forme ou par quelque moyen électronique que ce soit, y compris des systèmes de stockage d'information ou de recherche documentaire, sans la permission écrite de l'éditeur.

Sommaire

En-cas & amuse-bouches **6**

Soupes & salades **30**

Pâtes & céréales **56**

Légumes & haricots **78**

Desserts **104**

Index **120**

Bon appétit !

Exquise et saine, la cuisine végétarienne constitue un choix responsable pour la planète. Découvrez dans cet ouvrage 100 recettes savoureuses pour toutes les occasions. Leur niveau de difficulté est indiqué en tête de chaque recette par les chiffres 1 (les plus simples), 2 (moyennement faciles) ou 3 (les plus élaborées). Les 25 recettes qui suivent ont été sélectionnées pour vous mettre l'eau à la bouche !

🫒 LES SIMPLISSIMES

Tartines CHÈVRE & TAPENADE

Œufs MIMOSA

Soupe glacée aux AVOCATS

Orge perlé au PESTO DE TOMATES

Crumble à la RHUBARBE

🫒 LES PLUS LÉGÈRES

Houmous à l'AIL RÔTI

Soupe PATATES DOUCES & LENTILLES

Salade QUINOA & CÉLERI

Salade de FRUITS VIOLETS

Salade LENTILLES & CHÈVRE

LES TRADITIONNELLES

Paella
VÉGÉTARIENNE

SAMOUSSAS

Soupe aux TOMATES

Parmigiana
d'AUBERGINES

Gâteau aux CAROTTES
DES GRANDS JOURS

NOS COUPS DE CŒUR

Pizza
GRECQUE

Risotto d'ORGE PERLÉ
AUX ASPERGES

Nouilles épicées au TOFU

Tarte aux FRAMBOISES

Salade de pâtes TOMATES CERISES & BLEU

VOICI LE PALMARÈS DE NOS MEILLEURES RECETTES !

Palmiers
au PARMESAN

Soupe épaisse
de LÉGUMES

PANZANELLA

Tomates farcies
au RISOTTO

Fraises CHOCOLAT
& AMANDES

En-cas & amuse-bouches

Tarte TOMATES CERISES & CHÈVRE

- 250 g de pâte feuilletée rectangulaire prête à l'emploi
- 1 cuill. à soupe de crème aigre ou de crème fraîche additionnée de quelques gouttes de jus de citron
- 1 cuill. à café de moutarde à l'ancienne
- 2 gros poireaux
- 2 cuill. à soupe d'huile d'olive vierge extra
- 350 g de tomates cerises
- 120 g de fromage de chèvre
- Sel et poivre du moulin

Pour servir
- Feuilles de basilic

Pour 4 personnes • Préparation : 20 min • Réfrigération : 10 min • Cuisson : 30 à 35 min • Difficulté : 1

1. Préchauffez le four à 200 °C (therm. 6-7) et tapissez une plaque de cuisson de papier sulfurisé. Déroulez la pâte sur le plan de travail légèrement fariné, puis posez-la sur la plaque.

2. Fouettez légèrement la crème aigre avec la moutarde dans un bol. Salez et poivrez. Répartissez uniformément le mélange sur la pâte en laissant un petit espace sur le pourtour, puis rabattez les bords sur 1 cm. Réservez 10 minutes au frais.

3. Pendant ce temps, émincez les poireaux. Mettez l'huile à chauffer dans une poêle et faites-les revenir de 8 à 10 minutes. Répartissez-les uniformément sur la pâte. Coupez les tomates en quartiers, ajoutez-les sur la tarte, puis assaisonnez.

4. Enfournez pour 20 à 25 minutes. Émiettez le chèvre sur la tarte, puis parsemez de basilic et servez tiède ou à température ambiante.

Si cette recette vous plaît, vous aimerez aussi...

Focaccia aux OIGNONS

Pizza CITRON & PARMESAN

Pizza GRECQUE

Crème à l'AUBERGINE GRILLÉE

- 1 grosse aubergine (environ 750 g)
- 25 cl de crème fraîche
- Le jus de 1 citron
- Sel et poivre du moulin

Pour servir
- Feuilles de coriandre
- Pains pita grillés

Pour 4 à 6 personnes • Préparation : 15 min • Cuisson : 45 à 50 min • Difficulté : 1

1. Préchauffez le four à 180 °C (therm. 6), puis enfournez et faites cuire l'aubergine de 45 à 50 minutes. Laissez-la refroidir, puis retirez la peau.

2. Mettez la chair dans le bol d'un robot et mixez jusqu'à l'obtention d'un mélange lisse. Transvasez-le dans un bol, puis incorporez-y la crème fraîche et le jus de citron. Salez et poivrez. Décorez de coriandre et servez tiède, accompagné de pains pita grillés.

Houmous à l'AIL RÔTI

- 6 grosses gousses d'ail
- 1½ cuill. à soupe d'huile d'olive vierge extra
- 400 g de pois chiches en conserve
- 4 cuill. à soupe de jus de citron
- 3 cuill. à soupe de *tahini* (pâte de sésame)
- 3 cuill. à soupe d'eau
- 1 cuill. à café de sel
- 1 pincée de piment de Cayenne
- 4 cuill. à soupe de ciboulette hachée

Pour servir
- Bâtonnets de concombre, de céleri-branche et de carotte (facultatif)

Pour 4 personnes • Préparation : 15 min • Cuisson : 20 min • Difficulté : 1

1. Préchauffez le four à 200 °C (therm. 6-7). Placez les gousses d'ail non pelées sur une feuille d'aluminium et arrosez-les d'un tiers de l'huile. Repliez la feuille d'aluminium sur l'ail, puis enfournez pour 20 minutes. Laissez légèrement refroidir.

2. Pelez l'ail et mettez-le dans le bol d'un robot. Rincez les pois chiches, égouttez-les, puis ajoutez-les dans le bol et mixez jusqu'à l'obtention d'une pâte lisse.

3. Ajoutez le jus de citron, le *tahini*, l'eau, le sel, le piment de Cayenne et l'huile restante, puis mixez jusqu'à l'obtention d'un mélange léger. Incorporez la ciboulette à la préparation et transvasez-la dans un bol. Servez accompagné de bâtonnets de concombre, de céleri et, éventuellement, de carotte.

La tapenade est une spécialité provençale à base d'olives vertes ou noires finement hachées, incluant parfois des câpres, des anchois, de l'ail et de l'huile d'olive.

Tartines CHÈVRE & TAPENADE

> 1 baguette de pain
> 150 g de fromage de chèvre
> 3 cuill. à soupe de feuilles de thym
> 5 cuill. à soupe de cerneaux de noix

Pour la tapenade
> 1 cuill. à soupe de câpres en saumure
> 100 g d'olives noires dénoyautées
> 30 g de filets d'anchois
> 2 gousses d'ail
> 2 cuill. à soupe de jus de citron

Pour servir
> Feuilles de thym

Pour 6 à 8 personnes • Préparation : 10 min • Cuisson : 3 à 5 min • Difficulté : 1

1. Préchauffez le four à 200 °C (therm. 6-7). Coupez la baguette en biseau, puis répartissez les tranches sur une plaque de cuisson et faites-les griller de 3 à 5 minutes en les retournant une fois. Laissez-les légèrement refroidir sur une grille.

2. Préparez la tapenade. Égouttez les câpres, puis mettez-les dans le bol d'un robot avec les olives, les anchois, l'ail et le jus de citron. Mixez jusqu'à l'obtention d'une préparation lisse.

3. Hachez les noix, puis mélangez-les avec le chèvre et le thym dans un bol. Étalez la préparation sur les tranches de pain grillé, puis garnissez-les de tapenade, parsemez de thym et servez sans attendre.

Si cette recette vous plaît, vous aimerez aussi...

Crème à l'AUBERGINE GRILLÉE

Crème aux OIGNONS CARAMÉLISÉS

Crostini BLEU & NOIX

Crème aux OIGNONS CARAMÉLISÉS

Pour 6 à 8 personnes • Préparation : 15 min • Réfrigération : 1h • Cuisson : 12 à 15 min • Difficulté : 1

- 500 g d'oignons blancs
- 1 cuill. à soupe d'huile d'olive vierge extra
- 25 cl de crème aigre ou crème fraîche additionnée de quelques gouttes de jus de citron
- 60 g de fromage frais
- 1½ cuill. à café de vinaigre de vin blanc
- 8 cuill. à soupe de coriandre ciselée
- Sel et poivre du moulin

Pour servir
- Biscuits salés
- Bâtonnets de carotte

1. Pelez et hachez les oignons. Mettez l'huile à chauffer dans une poêle, ajoutez les oignons, salez et poivrez, puis faites-les revenir de 12 à 15 minutes en remuant régulièrement. Laissez refroidir à température ambiante.
2. Mélangez les oignons, la crème aigre, le fromage frais, le vinaigre et la coriandre dans un bol. Assaisonnez. Réservez pendant 1 heure au réfrigérateur, puis servez accompagné de biscuits salés et de bâtonnets de carotte.

Crème POIS CHICHES & AVOCAT

Pour 4 à 6 personnes • Préparation : 15 min • Difficulté : 1

- 400 g de pois chiches en conserve
- 2 gousses d'ail
- 1 avocat bien mûr
- 150 g de feuilles de coriandre
- 4 cuill. à soupe d'huile d'olive vierge extra
- 2 cuill. à café de jus de citron
- 2 à 4 cuill. à soupe d'eau
- Sel et poivre du moulin

Pour servir
- Tortillas (chips)
- Bâtonnets de céleri-branche et de carotte (facultatif)

1. Rincez, puis égouttez les pois chiches. Pelez et hachez l'ail. Coupez l'avocat en deux, ôtez la peau et le noyau, puis écrasez la chair avec une fourchette. Réunissez les pois chiches, l'ail, l'avocat et la coriandre dans le bol d'un robot, puis mixez jusqu'à l'obtention d'un mélange lisse.
2. Arrosez d'huile, puis incorporez le jus de citron et l'eau, cuillerée par cuillerée, jusqu'à l'obtention d'une préparation homogène. Salez et poivrez.
3. Servez accompagné de tortillas et de bâtonnets de céleri et, éventuellement, de carotte.

Beignets de COURGETTES

Pour 6 à 8 personnes • Préparation : 20 min • Réfrigération : 1h • Cuisson : 15 à 20 min • Difficulté : 2

- 4 grosses courgettes
- 125 g de parmesan râpé
- 2 gros œufs
- 2 cuill. à soupe de persil ciselé
- 2 cuill. à soupe de menthe ciselée
- 150 à 300 g de chapelure fine
- 25 cl d'huile d'olive
- Sel et poivre du moulin

1. Faites cuire les courgettes 5 minutes dans de l'eau bouillante salée. Égouttez-les et laissez-les légèrement refroidir. Séchez-les, puis hachez-les au couteau.
2. Mettez les courgettes dans un saladier, puis ajoutez le parmesan, les œufs, le persil, la menthe, du sel et du poivre, et suffisamment de chapelure pour obtenir une texture ferme.
3. Farinez vos mains et façonnez des boulettes de la taille d'une noix. Roulez-les dans le reste de la chapelure et réservez 1 heure au réfrigérateur.
4. Mettez l'huile à chauffer dans une poêle et faites dorer les beignets de 5 à 7 minutes en procédant en plusieurs fois, puis égouttez-les sur du papier absorbant. Servez aussitôt.

Œufs MIMOSA

Pour 4 à 8 personnes • Préparation : 20 min • Cuisson : 7 min • Difficulté : 1

- 8 gros œufs
- 1 gousse d'ail
- 6 cuill. à soupe de mayonnaise allégée
- 1 cuill. à soupe de moutarde de Dijon
- 1 cuill. à café de vinaigre de vin blanc
- 2 cuill. à café de coriandre ciselée
- Sel et poivre du moulin

Pour servir
- Paprika

1. Placez les œufs dans une casserole, couvrez-les d'eau, puis portez à ébullition et laissez frémir 7 minutes. Passez-les sous l'eau et réservez-les.
2. Pelez et hachez l'ail. Fouettez la mayonnaise avec la moutarde, le vinaigre, l'ail et la coriandre dans un bol.
3. Écalez les œufs et coupez-les en deux dans la longueur. Retirez les jaunes en laissant les blancs intacts et mettez-les dans le bol. Salez et poivrez, puis écrasez le tout à l'aide d'une fourchette jusqu'à l'obtention d'un mélange lisse.
4. Garnissez les blancs de la préparation. Saupoudrez de paprika et servez sans attendre.

Crostini BLEU & NOIX

- 1 baguette de pain
- 60 g de noix
- 120 g de fromage frais
- 120 g de bleu (gorgonzola ou stilton)
- Sel et poivre du moulin

Pour servir
- 1 cuill. à soupe de feuilles de persil

Pour 4 personnes • Préparation : 15 min • Cuisson : 8 à 15 min • Difficulté : 1

1. Préchauffez le four à 200 °C (therm. 6-7). Coupez la baguette en biseau, puis répartissez les tranches sur une plaque de cuisson et faites-les dorer de 3 à 5 minutes en les retournant une fois. Laissez-les légèrement refroidir sur une grille.

2. Décortiquez les noix, hachez-les, puis mélangez-les avec le fromage frais dans un bol jusqu'à l'obtention d'une préparation homogène. Salez, poivrez et incorporez-y le bleu.

3. Étalez la préparation sur le pain grillé, puis enfournez de nouveau de 5 à 10 minutes. Parsemez de persil et servez tiède.

Croustillants ÉPINARDS & FETA

- 1 oignon
- 4 gousses d'ail
- 3 cuill. à soupe d'huile d'olive vierge extra
- 1,25 kg de pousses d'épinards
- 30 g de raisins secs blonds
- 150 g de feta
- 20 feuilles de pâte filo coupées en rectangles de 20 x 30 cm
- Sel et poivre du moulin

Pour 8 à 12 personnes • Préparation : 30 min • Cuisson : 1h • Difficulté : 2

1. Pelez l'oignon et l'ail, puis hachez-les. Mettez à chauffer les deux tiers de l'huile dans une poêle et faites revenir l'oignon et l'ail 3 minutes. Transvasez-les dans un saladier. Remettez la poêle sur le feu et faites revenir les épinards 2 minutes en procédant en plusieurs fois et en remuant. Pressez-les pour en extraire l'eau, puis hachez-les avec les raisins secs. Ajoutez le tout dans le saladier, émiettez la feta sur l'ensemble et assaisonnez.

2. Préchauffez le four à 180 °C (therm. 6) et tapissez une plaque de cuisson de papier sulfurisé. Posez une feuille de pâte filo sur le plan de travail, badigeonnez-la d'huile, puis couvrez-la d'une autre feuille et badigeonnez-la à son tour. Superposez ainsi 10 feuilles de pâte. Répartissez la moitié de la garniture dans la longueur au centre de la pâte. Roulez le tout et badigeonnez d'huile. Répétez l'opération avec le reste de pâte et de garniture.

3. Posez les roulés sur la plaque, côté scellé en dessous. Enfournez pour 50 minutes. Coupez en tranches et servez.

Ce plat équilibré constitue un excellent déjeuner léger. Pour varier les saveurs, remplacez le guacamole par l'une des préparations présentées dans les encadrés en bas de page.

Wraps LÉGUMES GRILLÉS & GUACAMOLE

- 1 courgette coupée en tranches fines dans la longueur
- 1 poivron rouge épépiné et coupé en lamelles dans la longueur
- 1 poivron jaune épépiné et coupé en lamelles dans la longueur
- 4 grandes tortillas de blé

Pour la salsa
- 6 tomates
- 1 gousse d'ail
- 1 petit oignon
- 1/2 piment vert
- 1 cuill. à soupe de coriandre ciselée

Pour le guacamole
- 3 petites tomates
- 1/4 de piment vert
- 2 avocats bien mûrs
- 2 cuill. à soupe de jus de citron vert
- 1 gousse d'ail
- 1 petit oignon
- 1 cuill. à soupe de coriandre ciselée

Pour servir
- Gros sel

Pour 4 personnes • Préparation : 30 min • Repos : 30 min • Cuisson : 20 à 25 min • Difficulté : 1

1. Préparez la salsa. Concassez les tomates. Pelez l'ail et l'oignon, puis hachez-les. Épépinez et hachez le piment. Réunissez tous les ingrédients de la salsa dans un saladier et laissez reposer 30 minutes à température ambiante.

2. Pendant ce temps, préparez le guacamole. Concassez les tomates. Épépinez et hachez le piment. Coupez les avocats en deux, ôtez la peau et le noyau, puis écrasez la chair avec une fourchette. Mettez-la dans un second saladier avec les autres ingrédients et mélangez.

3. Mettez un gril à chauffer, puis faites griller les courgettes et les poivrons quelques minutes. Faites réchauffer les tortillas sur le gril, puis garnissez chacune de 1 cuillerée à soupe de salsa et de 1 cuillerée à soupe de guacamole.

4. Répartissez les légumes grillés sur les tortillas. Roulez-les en wraps, puis remettez-les à chauffer 2 minutes sur le gril en les retournant régulièrement. Servez tiède avec la salsa et le guacamole restants, accompagné de gros sel.

Si cette recette vous plaît, vous aimerez aussi…

Houmous
à l'AIL RÔTI

Crème aux OIGNONS
CARAMÉLISÉS

Crème POIS CHICHES
& AVOCAT

Palmiers au PARMESAN

- 250 g de pâte feuilletée prête à l'emploi
- 1 cuill. à soupe d'huile d'olive vierge extra
- 3 cuill. à soupe d'emmental râpé
- 40 g de parmesan râpé
- 1 cuill. à soupe de thym ciselé
- Le jaune de 1 gros œuf
- 1/2 cuill. à café d'eau
- Poivre du moulin

Pour 8 à 12 personnes • Préparation : 30 min • Cuisson : 15 à 20 min • Difficulté : 2

1. Préchauffez le four à 190 °C (therm. 6-7) et tapissez deux plaques de cuisson de papier sulfurisé. Déroulez la pâte sur le plan de travail légèrement fariné, badigeonnez-la d'huile, puis garnissez-la d'emmental, de parmesan, de thym et de poivre.

2. Rabattez deux côtés opposés de la pâte en les roulant vers le centre, pour former une sorte de boudin. Réservez 15 minutes au réfrigérateur. Coupez la pâte en rondelles de 5 mm d'épaisseur, puis répartissez-les sur les plaques en les espaçant de 2,5 cm.

3. Battez le jaune d'œuf avec l'eau dans un bol, puis badigeonnez-en les rondelles de pâte. Enfournez pour 15 à 20 minutes. Laissez refroidir les palmiers 2 minutes sur les plaques, puis transposez-les sur des grilles.

Torsades PARMESAN & SÉSAME

- 350 g de pâte feuilletée prête à l'emploi
- 1 gros œuf battu
- 120 g de parmesan râpé
- 1 poignée de graines de sésame blanc

Pour 8 à 12 personnes • Préparation : 20 min • Réfrigération : 30 min • Cuisson : 15 min • Difficulté : 1

1. Déroulez la pâte sur le plan de travail légèrement fariné et badigeonnez-la d'un peu d'œuf. Garnissez la moitié de la pâte de la moitié du parmesan, puis rabattez l'autre moitié de la pâte par-dessus et pressez délicatement le tout.

2. Étalez de nouveau la pâte en un rectangle de 20 x 30 cm. Badigeonnez-la du reste d'œuf, puis parsemez-la uniformément du parmesan restant en le pressant délicatement sur toute la surface. Égalisez les bords.

3. Coupez la pâte dans la longueur en bandes de 5 mm de large, puis torsadez-les. Saupoudrez-les de sésame, puis répartissez-les sur une plaque de cuisson en les espaçant de 1 cm. Couvrez de film alimentaire et réservez 30 minutes au réfrigérateur.

4. Préchauffez le four à 190 °C (therm. 6-7), puis enfournez pour 15 minutes. Laissez légèrement refroidir les torsades sur une grille et servez tiède.

Ces délicieux petits chaussons sont parfaits pour agrémenter un buffet. Vous pouvez les préparer à l'avance, puis les enfourner de 20 à 25 minutes avant de servir.

Chaussons LÉGUMES & FROMAGE

- 1 poivron jaune
- 350 g de courge
- 3 carottes
- 1 morceau de gingembre de 5 cm
- 4 ciboules
- 200 g de maïs en conserve
- 1/2 cuill. à café de cumin en poudre
- 4 cuill. à soupe de coriandre ciselée
- 100 g de cheddar ou de gruyère râpé
- 1 gros œuf battu
- Poivre du moulin

Pour la pâte
- 225 g de farine
- 1 cuill. à café de curcuma
- 1 pincée de sel
- 120 g de beurre
- 4 ou 5 cuill. à soupe d'eau glacée

Pour 6 à 12 personnes • Préparation : 45 min • Réfrigération : 30 min • Cuisson : 20 à 25 min • Difficulté : 2

1. Épépinez le poivron et la courge. Épluchez les carottes et la courge, puis coupez le tout en morceaux et réunissez-les dans une casserole. Couvrez d'eau bouillante, portez à ébullition, puis laissez mijoter 4 ou 5 minutes. Égouttez les légumes et mettez-les dans un saladier.

2. Râpez le gingembre, hachez les ciboules, puis rincez et égouttez le maïs. Ajoutez le tout dans le saladier avec le cumin, la coriandre et le cheddar. Poivrez, mélangez soigneusement, puis laissez refroidir.

3. Préparez la pâte. Tamisez la farine, le curcuma et le sel au-dessus d'un saladier. Coupez le beurre en dés, puis incorporez-les au mélange du bout des doigts pour former une chapelure fine. Ajoutez l'eau, cuillerée par cuillerée, en mélangeant jusqu'à l'obtention d'une pâte homogène. Façonnez une boule, puis enveloppez-la de film alimentaire et réservez-la 30 minutes au réfrigérateur.

4. Préchauffez le four à 200 °C (therm. 6-7) et tapissez une plaque de cuisson de papier sulfurisé. Étalez la pâte à une épaisseur de 5 mm sur le plan de travail légèrement fariné, puis découpez des disques de 5 cm de diamètre à l'aide d'un emporte-pièce ou d'un verre.

5. Répartissez la garniture sur la moitié de chaque disque de pâte en laissant un petit espace sur le pourtour. Badigeonnez les bords d'un peu d'œuf, puis rabattez la pâte sur la garniture. Soudez les bords en appuyant dessus avec une fourchette et badigeonnez du reste d'œuf. Disposez les chaussons sur la plaque, puis enfournez pour 20 à 25 minutes. Servez sans attendre.

FALAFELS

- 400 g de pois chiches en conserve
- 2 gousses d'ail
- 1 petit oignon
- 4 cuill. à soupe de persil ciselé
- 2 cuill. à soupe de menthe ciselée
- 1/2 cuill. à café de cumin en poudre
- 1/2 cuill. à café de coriandre en poudre
- 1 pincée de piment de Cayenne
- 1 pincée de bicarbonate de soude (en pharmacie)
- 3 pincées de sel
- 2 cuill. à soupe de jus de citron
- 1 gros œuf battu
- 3 cuill. à soupe de graines de sésame grillées
- 12 cl d'huile de carthame ou de colza

Pour 4 à 6 personnes • Préparation : 15 min • Réfrigération : 30 min • Cuisson : 10 à 15 min • Difficulté : 2

1. Rincez, puis égouttez les pois chiches. Mettez-en la moitié dans le bol d'un robot et hachez-les grossièrement. Transvasez-les dans un saladier.

2. Pelez l'ail et l'oignon, puis hachez-les. Versez le reste des pois chiches dans le bol du robot avec l'ail, l'oignon, le persil, la menthe, le cumin, la coriandre, le piment de Cayenne, le bicarbonate, le sel et le jus de citron. Mixez jusqu'à l'obtention d'une pâte granuleuse, puis ajoutez-la dans le saladier. Incorporez l'œuf et le sésame au mélange. Couvrez et réservez 30 minutes au réfrigérateur.

3. Mettez l'huile à chauffer dans une poêle, puis déposez-y de grosses cuillerées à soupe de pâte et faites-les frire 4 ou 5 minutes en les retournant une fois. Faites cuire les falafels en procédant en plusieurs fois, puis égouttez-les sur du papier absorbant. Servez aussitôt.

Brochettes CHYPRIOTES

- 12 cl d'huile d'olive vierge extra
- 1 cuill. à café de piment en poudre
- 8 cuill. à soupe de basilic ciselé
- 3 cuill. à soupe de jus de citron
- 2 cuill. à café de zeste de citron non traité râpé
- 2 courgettes
- 250 g de halloumi
- 16 petites tomates cerises

Pour 4 à 6 personnes • Préparation : 15 min • Marinade : 30 min • Cuisson : 8 à 10 min • Difficulté : 1

1. Fouettez l'huile avec le piment, le basilic, le jus et le zeste de citron dans un bol. Coupez les courgettes en rondelles et le halloumi en dés, puis placez-les avec les tomates dans un plat peu profond. Arrosez le tout de marinade, mélangez et laissez reposer 30 minutes.

2. Pendant ce temps, mettez douze piques en bois à tremper dans l'eau.

3. Préchauffez le gril du four, un gril ou un barbecue. Enfilez les courgettes, le halloumi et les tomates sur les piques en bois, puis enfournez-les pour 8 à 10 minutes en les retournant et en les badigeonnant de marinade en cours de cuisson. Servez sans attendre.

SAMOUSSAS

Ces en-cas sont très appréciés dans tout le sous-continent indien, mais aussi dans de nombreuses régions d'Asie centrale, d'Asie du Sud-Est, du Moyen-Orient et d'Afrique. Servez-les chauds, directement après la cuisson.

- 1 pomme de terre
- 1 petit oignon
- 1 tomate
- 100 g de petits pois
- 30 g de *ghee* (beurre clarifié)
- 1 cuill. à soupe de garam masala
- 1 cuill. à café de coriandre en poudre
- 1 cuill. à café de gingembre râpé
- 1/2 cuill. à café de piment en poudre
- 1 cuill. à soupe de jus de citron
- 50 cl d'huile d'arachide

Pour la pâte
- 200 g de farine
- 1/2 cuill. à café de levure chimique
- 1/2 pincée de sel
- 15 g de *ghee* (beurre clarifié)
- 3 à 5 cuill. à soupe de lait tiède

Pour 4 à 6 personnes • Préparation : 30 min • Cuisson : 30 à 40 min • Difficulté : 2

1. Préparez la pâte. Tamisez la farine, la levure et le sel au-dessus d'un saladier. Incorporez le *ghee* et assez de lait au mélange pour obtenir une pâte ferme. Posez-la sur le plan de travail fariné et pétrissez-la jusqu'à ce qu'elle soit lisse. Étalez-la en un rectangle, puis découpez-la en 12 bandes d'environ 8 x 20 cm.

2. Épluchez la pomme de terre et coupez-la en dés, puis faites-les cuire de 8 à 10 minutes dans une casserole d'eau salée. Égouttez et réservez.

3. Pelez et hachez l'oignon. Concassez la tomate. Écossez les petits pois. Mettez le *ghee* à chauffer dans une poêle, puis faites revenir l'oignon et la tomate 3 ou 4 minutes. Incorporez le garam masala, la coriandre, le gingembre, le piment, les petits pois et la pomme de terre à la préparation, puis prolongez la cuisson de 5 minutes. Arrosez de jus de citron.

4. Déposez 1 cuillerée à soupe de garniture au centre de chaque bande de pâte en laissant un petit espace sur le pourtour. Humectez les bords, puis repliez la pâte pour former des triangles.

5. Faites chauffer l'huile à 190 °C dans une friteuse (un petit morceau de pain jeté dans l'huile doit remonter immédiatement à la surface). Faites frire les samoussas de 5 à 7 minutes en procédant en plusieurs fois. Retirez-les à l'aide d'une écumoire, puis égouttez-les sur du papier absorbant. Servez aussitôt.

Focaccia aux OIGNONS

- 1 pâte à pizza (voir la recette p. 28)
- 3 cuill. à soupe d'huile d'olive vierge extra
- 2 petits oignons rouges
- 1 cuill. à soupe de vinaigre de cidre
- 60 g de pecorino ou de parmesan râpé
- 1 cuill. à café de piment en poudre
- Sel et poivre du moulin

Pour 6 à 8 personnes • Préparation : 30 min • Repos : 1h 45 • Cuisson : 35 à 40 min • Difficulté : 2

1. Préparez la pâte et laissez-la lever.

2. Huilez une plaque de cuisson de 30 x 45 cm dotée d'un rebord. Posez la pâte sur la plaque et étirez-la aux dimensions de la focaccia. Arrosez-la de 1 cuillerée à soupe d'huile, couvrez-la d'un torchon et laissez-la lever 15 minutes.

3. Pendant ce temps, pelez et émincez les oignons. Mettez à chauffer l'huile restante dans une poêle à feu doux, ajoutez les oignons, salez et poivrez, puis faites-les revenir de 12 à 15 minutes en remuant régulièrement. Arrosez de vinaigre et mélangez soigneusement.

4. Préchauffez le four à 220 °C (therm. 7-8). Garnissez la pâte de pecorino et des oignons. Ajoutez le piment. Enfournez pour 20 à 25 minutes, puis servez tiède ou à température ambiante.

Pizza CITRON & PARMESAN

- 1 pâte à pizza (voir la recette p. 28)
- 1 oignon rouge
- 150 g de parmesan en copeaux
- 10 très fines rondelles de citron non traité, sans les pépins
- 1 cuill. à soupe de petits brins de romarin
- 2 cuill. à soupe d'huile d'olive vierge extra
- Poivre du moulin

Pour 6 à 8 personnes • Préparation : 30 min • Repos : 1 h 30 • Cuisson : 10 à 15 min • Difficulté : 2

1. Préparez la pâte et laissez-la lever.
2. Huilez deux moules à pizza de 30 cm de diamètre. Divisez la pâte en deux morceaux, puis étalez-les dans les moules.
3. Préchauffez le four à 220 °C (therm. 7-8). Pelez et émincez l'oignon. Répartissez uniformément le parmesan sur les deux pâtes en laissant un espace de 2,5 cm sur le pourtour. Garnissez de citron et d'oignon. Parsemez de romarin, poivrez, puis arrosez d'huile.
4. Enfournez pour 10 à 15 minutes. Servez sans attendre.

Certains aiment les pâtes à pizza épaisses, proches du pain, tandis que d'autres apprécient les textures plus fines et croustillantes. Étalez la pâte en lui donnant le diamètre et l'épaisseur souhaités. La pâte proposée ci-dessous permet de préparer une grande pizza fine, ou une plus petite, mais plus épaisse (la pâte tend à rétrécir un peu à la cuisson).

Pizza GRECQUE

- 1 gousse d'ail
- 4 tomates roma
- 2 cuill. à soupe d'huile d'olive vierge extra
- 120 g de halloumi râpé
- 2 cuill. à soupe de pignons de pin
- 50 g de roquette
- 1 cuill. à soupe de vinaigre balsamique
- 4 cuill. à soupe d'olives de Kalamata dénoyautées (dans les magasins bio et les épiceries grecques)
- Sel et poivre du moulin

Pour la pâte
- 30 g de levure de boulanger ou 7 g de levure lyophilisée
- 35 cl d'eau tiède
- 450 g de farine à pain
- 1/2 cuill. à café de sel

Pour 4 à 6 personnes • Préparation : 30 min • Repos : 1 h 30 • Cuisson : 10 à 15 min • Difficulté : 2

1. Préparez la pâte. Dans un bol, délayez la levure dans la moitié de l'eau. Laissez reposer de 10 à 15 minutes jusqu'à l'obtention d'un mélange mousseux. Réunissez la farine et le sel dans un saladier. Creusez un puits au centre, puis versez-y le mélange d'eau et de levure. Ajoutez suffisamment du reste d'eau pour obtenir une pâte humide et mélangez jusqu'à ce que la quasi-totalité de la farine ait été absorbée. Posez la pâte sur le plan de travail légèrement fariné et pétrissez-la de 10 à 15 minutes jusqu'à l'obtention d'une texture lisse et souple. Façonnez-la en une boule et placez-la dans un saladier huilé. Laissez-la lever dans un endroit tiède pendant 1 heure 30, jusqu'à ce qu'elle ait doublé de volume.

2. Pelez et hachez l'ail, puis mettez-le dans le bol d'un robot avec les tomates et la moitié de l'huile. Salez et poivrez, puis mixez jusqu'à l'obtention d'un mélange homogène mais granuleux.

3. Préchauffez le four à 220 °C (therm. 7-8) et huilez un moule à pizza. Étalez la pâte sur le plan de travail fariné, puis transposez-la dans le moule. Garnissez-la de la sauce à base de tomates en laissant un espace de 2,5 cm sur le pourtour. Parsemez de halloumi et de pignons, puis enfournez pour 10 à 15 minutes.

4. Mélangez la roquette avec le vinaigre et le reste d'huile dans un saladier. Hachez les olives, puis répartissez-les avec la roquette sur la pizza. Servez aussitôt.

Soupes & salades

Soupe épicée aux POIS CHICHES

- 4 gousses d'ail
- 1 oignon
- 3 branches de céleri
- 2 cuill. à soupe d'huile d'olive vierge extra
- 1 piment rouge
- 2 cuill. à café de cumin en poudre
- 400 g de pois chiches en conserve
- 75 cl de bouillon de légumes chaud
- 400 g de tomates roma concassées en conserve, avec le jus
- 150 g de petits pois
- 2 cuill. à soupe de jus de citron
- Sel et poivre du moulin

Pour servir
- 1 cuill. à soupe de zeste de citron non traité râpé
- 4 cuill. à soupe de feuilles de coriandre
- Pains pita

Pour 4 à 6 personnes • Préparation : 15 min • Cuisson : 25 min • Difficulté : 1

1. Pelez l'ail et l'oignon, puis hachez-les avec le céleri. Mettez l'huile à chauffer dans une casserole à feu doux, puis faites revenir le tout pendant 10 minutes. Épépinez le piment et coupez-le en lamelles. Ajoutez-le dans la casserole avec le cumin, puis prolongez la cuisson de 1 minute.

2. Rincez et égouttez les pois chiches. Augmentez le feu puis incorporez le bouillon, les tomates et les pois chiches. Poivrez généreusement et laissez mijoter 10 minutes.

3. Pendant ce temps, écossez les petits pois. Ajoutez-les avec le jus de citron dans la casserole, puis prolongez la cuisson de 5 minutes. Salez et poivrez. Parsemez de zeste de citron et de coriandre. Servez aussitôt, accompagné de pains pita.

Si cette recette vous plaît, vous aimerez aussi…

Soupe épicée
TOMATES & PÂTES

Soupe PATATES DOUCES & LENTILLES

Salade HARICOTS & ORANGES

Idéale en hiver, cette soupe peut être servie aussi bien en entrée qu'en plat principal. Le pain doit être bien croustillant afin d'offrir un agréable contraste avec le velouté de la soupe.

Soupe POMMES DE TERRE & PETITS POIS

- 1 oignon
- 1 kg de pommes de terre
- 450 g de petits pois
- 2 cuill. à soupe d'huile d'olive vierge extra
- 1,25 l de bouillon de légumes
- 8 cuill. à soupe de menthe ciselée
- Sel et poivre du moulin

Pour servir
- Feuilles de menthe
- Pain croustillant

Pour 4 à 6 personnes • Préparation : 15 min • Cuisson : 15 à 20 min • Difficulté : 1

1. Pelez et hachez l'oignon. Épluchez les pommes de terre et coupez-les en dés. Écossez les petits pois. Mettez l'huile à chauffer dans une marmite et faites revenir l'oignon 3 ou 4 minutes. Ajoutez les pommes de terre et le bouillon, portez à ébullition, puis couvrez et laissez frémir de 10 à 15 minutes. Incorporez les petits pois à la préparation 2 minutes avant la fin du temps de cuisson.

2. Prélevez un quart des légumes dans la marmite à l'aide d'une écumoire et réservez-les. Mixez le reste de la préparation jusqu'à l'obtention d'un mélange lisse.

3. Incorporez les légumes réservés et la menthe à la soupe, puis assaisonnez. Garnissez de menthe et servez aussitôt, accompagné de pain croustillant.

Si cette recette vous plaît, vous aimerez aussi...

Soupe
RIZ & CÉLERI

Soupe
de PATATES DOUCES

Soupe épaisse
de LÉGUMES

Soupe aux TOMATES

Pour 4 à 6 personnes • Préparation : 15 min • Cuisson : 18 à 20 min • Difficulté : 1

- 2 oignons
- 2 gousses d'ail
- 2 carottes
- 2 branches de céleri
- 2 cuill. à soupe d'huile d'olive vierge extra
- 400 g de tomates concassées en conserve, avec le jus
- 50 cl de bouillon de légumes

Pour servir
- 4 à 6 cuill. à soupe de crème aigre ou crème fraîche additionnée de quelques gouttes de jus de citron
- 8 cuill. à soupe de basilic ciselé

1. Pelez les oignons et l'ail, puis hachez-les. Épluchez et râpez les carottes. Hachez le céleri. Mettez l'huile à chauffer dans une marmite et faites revenir le tout 3 ou 4 minutes. Ajoutez les tomates et le bouillon, puis laissez frémir 15 minutes.
2. Ôtez du feu et mixez jusqu'à l'obtention d'un mélange homogène. Garnissez de cuillerées à soupe de crème aigre et de basilic, puis servez.

Soupe glacée aux AVOCATS

Pour 4 personnes • Préparation : 15 min • Réfrigération : 1h • Difficulté : 1

- 1 petit oignon
- 3 avocats bien mûrs
- 50 cl de lait écrémé
- 40 g de cerneaux de noix
- 6 cuill. à soupe de brins de coriandre
- 1 cuill. à soupe de jus de citron vert
- 1 cuill. à café de gros sel marin
- 25 cl d'eau glacée
- 1 tomate

Pour servir
- Brins de coriandre

1. Pelez et hachez l'oignon. Coupez 2 avocats en deux, ôtez la peau et le noyau, puis prélevez la chair à l'aide d'une cuillère et mettez-la dans le bol d'un robot. Ajoutez le lait, les noix, la coriandre, l'oignon, le jus de citron, le gros sel et l'eau. Mixez jusqu'à l'obtention d'un mélange lisse. Couvrez et réservez au réfrigérateur pendant au moins 1 heure.
2. Coupez l'avocat restant en deux, ôtez la peau et le noyau, puis coupez la chair en dés. Concassez la tomate. Garnissez la soupe d'avocat et de tomate, puis parsemez de coriandre. Servez sans attendre.

Soupe RIZ & CÉLERI

Pour 6 personnes • Préparation : 15 min • Cuisson : 30 à 35 min • Difficulté : 1

- 250 g de céleri-branche
- 45 g de beurre
- 2 cuill. à soupe d'huile d'olive vierge extra
- 2 cuill. à soupe de persil ciselé
- 1 feuille de laurier
- 1,25 l de bouillon de légumes
- 250 g de riz rond
- Sel

Pour servir
- Parmesan râpé

1. Hachez le céleri. Mettez à chauffer les deux tiers du beurre et l'huile dans une marmite à feu doux, puis faites revenir le céleri avec le persil et le laurier de 10 à 15 minutes en remuant régulièrement.
2. Augmentez le feu et mouillez avec le bouillon. Salez, portez à ébullition, puis laissez mijoter 5 minutes.
3. Ajoutez le riz et laissez frémir 15 minutes. Retirez le laurier, puis incorporez le beurre restant. Servez aussitôt, parsemé de parmesan.

Soupe aux PATATES DOUCES

Pour 6 personnes • Préparation : 15 min • Cuisson : 25 à 30 min • Difficulté : 2

- 1 pomme à couteau
- 3 gousses d'ail
- 2 oignons
- 2 cuill. à café de curry en poudre
- 4 cuill. à soupe d'huile d'olive vierge extra
- 8 cuill. à soupe de coriandre ciselée
- 1 cuill. à café de gingembre râpé
- 1 kg de patates douces
- 1,25 l de bouillon de légumes
- 180 g de lentilles corail
- 30 cl de lait
- Le jus de 1 citron vert
- Sel et poivre du moulin

Pour servir
- Brins de coriandre

1. Épluchez la pomme, épépinez-la et râpez-la. Pelez l'ail et les oignons, puis hachez-les. Faites chauffer le curry 1 ou 2 minutes dans une marmite. Ajoutez l'huile, puis la pomme, l'ail, les oignons, la coriandre et le gingembre. Salez, poivrez, puis laissez mijoter 5 minutes.
2. Pelez les patates douces et râpez-les, puis ajoutez-les dans la marmite avec le bouillon, les lentilles et le lait. Assaisonnez, puis couvrez et laissez mijoter 20 minutes.
3. Ôtez du feu et mixez la préparation. Arrosez de jus de citron, garnissez de coriandre, puis servez.

RIBOLLITA

- 1 oignon
- 1/2 petit chou de Milan
- 250 g de blette
- 1 courgette
- 1 branche de céleri
- 3 petites tomates
- 250 g de chou noir de Toscane
- 1 carotte
- 2 pommes de terre
- 1 poireau
- 4 cuill. à soupe d'huile d'olive vierge extra
- 400 g de haricots blancs cannellini en conserve (dans les épiceries italiennes)
- 1 l de bouillon de légumes
- 6 tranches de pain complet à la texture ferme
- Sel et poivre du moulin

Pour 4 à 6 personnes • Préparation : 30 min • Cuisson : 1 h 30 • Difficulté : 2

1. Pelez et hachez l'oignon. Hachez le chou de Milan, la blette, la courgette, le céleri, les tomates et le chou noir. Épluchez la carotte et coupez-la en rondelles. Pelez les pommes de terre et coupez-les en morceaux. Émincez le poireau.

2. Mettez à chauffer la moitié de l'huile dans une marmite, puis faites revenir l'oignon 3 ou 4 minutes. Rincez et égouttez les haricots. Dans le bol d'un robot, réduisez-en les deux tiers en purée, puis ajoutez-les dans la marmite avec le bouillon. Complétez avec les autres légumes, hormis les haricots réservés, et laissez mijoter au moins 1 heure.

3. Ajoutez le reste des haricots dans la soupe et assaisonnez.

4. Préchauffez le four à 180 °C (therm. 6). Huilez un plat allant au four, puis tapissez-le de pain. Versez-y la soupe, arrosez du reste d'huile et enfournez pour 20 minutes.

Soupe épicée TOMATES & PÂTES

- 1 oignon rouge
- 1 piment rouge
- 2 cuill. à soupe d'huile d'olive vierge extra
- 800 g de tomates roma en conserve, avec le jus
- 1 l de bouillon de légumes
- 120 g de farfalle
- 4 cuill. à soupe d'olives noires dénoyautées
- 4 cuill. à soupe de basilic ciselé
- 4 cuill. à soupe de pesto

Pour 4 personnes • Préparation : 15 min • Cuisson : 20 min • Difficulté : 1

1. Hachez l'oignon. Épépinez le piment et émincez-le. Mettez l'huile à chauffer dans une marmite, puis faites revenir l'oignon et le piment 5 minutes. Incorporez les tomates et le bouillon au mélange. Couvrez, portez à ébullition, puis ôtez le couvercle et laissez mijoter 5 minutes.

2. Ajoutez les pâtes dans la marmite et faites cuire jusqu'à ce qu'elles soient al dente. Hachez les olives, puis incorporez-les à la préparation avec le basilic. Garnissez de pesto et servez aussitôt.

La pomme de terre et le maïs sont les ingrédients de base de cette soupe. Pour les autres légumes, n'hésitez pas à adapter la recette en fonction de vos préférences et des produits de saison disponibles.

Soupe épaisse de LÉGUMES

- 1 gros oignon
- 2 poivrons rouges
- 45 g de beurre
- 1/2 cuill. à café de thym séché
- 1,25 kg de pommes de terre à la chair ferme
- 75 cl de lait
- 1,25 l d'eau
- 8 épis de maïs
- 750 g de haricots verts
- Sel et poivre du moulin

Pour 6 à 8 personnes • Préparation : 20 min • Cuisson : 30 à 35 min • Difficulté : 1

1. Pelez l'oignon, épépinez les poivrons, puis coupez le tout en dés. Mettez le beurre à chauffer dans une marmite, puis faites revenir l'oignon et les poivrons avec le thym de 8 à 10 minutes en remuant de temps à autre.

2. Épluchez les pommes de terre et coupez-les en dés. Ajoutez-les dans la marmite avec le lait et l'eau. Portez à ébullition, puis réduisez le feu, couvrez et laissez frémir de 8 à 10 minutes.

3. Égrenez les épis de maïs à l'aide d'un couteau, puis incorporez-les à la soupe. Salez et poivrez. Laissez mijoter de 3 à 5 minutes.

4. Équeutez les haricots verts et coupez-les en petits tronçons. Prélevez 3 tasses de soupe et mixez-les dans le bol d'un robot jusqu'à l'obtention d'un mélange lisse. Remettez-le dans la casserole avec les haricots verts et prolongez la cuisson de 5 à 8 minutes. Rectifiez l'assaisonnement si nécessaire, puis servez sans attendre.

Si cette recette vous plaît, vous aimerez aussi...

Soupe **POMMES DE TERRE & PETITS POIS**

Soupe aux **TOMATES**

Soupe **RIZ & CÉLERI**

Soupe PATATES DOUCES & LENTILLES

- 1 gousse d'ail
- 1 oignon
- 2 carottes
- 2 branches de céleri
- 2 cuill. à soupe d'huile d'olive vierge extra
- 1 feuille de laurier
- 1½ cuill. à café de curry en poudre
- 1,75 l d'eau
- 300 g de lentilles brunes
- 2 patates douces (environ 500 g)
- 50 cl de bouillon de légumes
- 250 g de haricots verts
- 400 g de tomates concassées en conserve, avec le jus
- 8 cuill. à soupe de coriandre ciselée
- Sel et poivre du moulin

Pour servir
- Yaourt nature à 0 % de M.G.

Pour 6 à 8 personnes • Préparation : 20 min • Cuisson : 35 à 40 min • Difficulté : 1

1. Pelez et hachez l'ail. Épluchez l'oignon et les carottes, puis émincez-les avec le céleri. Mettez l'huile à chauffer dans une marmite, puis faites revenir l'oignon, les carottes et le céleri avec le laurier de 5 à 7 minutes. Ajoutez l'ail et le curry, puis prolongez la cuisson de 1 minute.

2. Incorporez l'eau et les lentilles, portez à ébullition, puis réduisez le feu. Couvrez et laissez frémir 10 minutes à feu doux. Pelez les patates douces et coupez-les en dés. Ajoutez-les dans la marmite avec le bouillon, puis prolongez la cuisson de 15 minutes.

3. Coupez les haricots verts en tronçons, puis incorporez-les à la préparation avec les tomates et laissez mijoter de 2 à 4 minutes. Retirez le laurier, ajoutez la coriandre, salez et poivrez. Servez aussitôt, accompagné de yaourt.

Soupe CHOU & CROSTINI À L'AIL

- 6 grandes tranches de pain
- 6 cuill. à soupe d'huile d'olive vierge extra
- 2 gousses d'ail
- 1 chou de Milan
- 1,5 l de bouillon de légumes
- 60 g de pecorino râpé
- Sel et poivre du moulin

Pour 6 personnes • Préparation : 20 min • Cuisson : 15 à 20 min • Difficulté : 1

1. **Coupez** les tranches de pain en trois. Mettez l'huile à chauffer dans une poêle, puis faites revenir l'ail avec le pain jusqu'à ce qu'il soit bien doré des deux côtés. Ôtez du feu et égouttez le pain sur du papier absorbant.

2. **Retirez** les feuilles externes du chou et coupez le reste en lamelles. Faites-le cuire de 5 à 7 minutes dans de l'eau bouillante légèrement salée, puis égouttez-le et hachez-le.

3. **Faites chauffer** le bouillon dans une marmite et ajoutez le chou. Portez à ébullition, puis laissez frémir 5 minutes. Répartissez la soupe dans des bols. Parsemez de pecorino et garnissez de crostini à l'ail, puis servez sans attendre.

Soupes & salades

Confectionnez cette salade en hiver, lorsque les oranges sont de saison. Associant salade verte, oranges et haricots blancs, elle constitue un déjeuner ou un dîner léger et complet, excellent pour la santé.

Salade HARICOTS & ORANGES

- 250 g de haricots verts
- 2 oranges navel
- 4 cuill. à soupe d'huile d'olive vierge extra
- 2 cuill. à soupe de vinaigre de vin blanc
- 1 laitue romaine
- 1 petit oignon rouge
- 400 g de haricots blancs en conserve
- 200 g de feta
- Sel et poivre du moulin

Pour 4 personnes • Préparation : 15 min • Cuisson : 4 à 5 min • Difficulté : 1

1. Équeutez les haricots verts, coupez-les en deux, puis faites-les cuire 4 ou 5 minutes dans une casserole d'eau bouillante salée. Égouttez-les et laissez-les refroidir légèrement dans la passoire.

2. Tranchez le haut et le bas des oranges, puis pelez-les à vif. Coupez-les en deux dans la hauteur, puis détaillez chaque moitié en tranches fines et ôtez la peau.

3. Fouettez l'huile et le vinaigre dans un bol. Salez et poivrez.

4. Coupez la laitue en deux et hachez-la. Pelez l'oignon, coupez-le en deux, puis émincez-le. Rincez les haricots blancs et égouttez-les. Émiettez la feta, puis mettez-la dans un saladier avec les oranges, la laitue, l'oignon, les haricots blancs et les haricots verts. Mélangez et servez arrosé de vinaigrette.

Si cette recette vous plaît, vous aimerez aussi...

Soupe épicée
aux POIS CHICHES

Chili
aux HARICOTS NOIRS

Ragoût toscan aux
HARICOTS CANNELLINI

Salade BOULGHOUR & TOMATES CERISES

Pour 4 à 6 personnes • Préparation : 15 min • Repos : 30 min • Difficulté : 1

- 250 g de boulghour moyen
- 1/2 cuill. à café de gros sel marin
- 1 l d'eau bouillante
- 32 tomates cerises
- 2 petits oignons rouges
- 100 g de persil ciselé
- 2 cuill. à soupe de vinaigre de vin rouge
- 4 cuill. à soupe d'huile d'olive vierge extra
- 150 g de fromage de chèvre
- Sel et poivre du moulin

1. Réunissez le boulghour et le gros sel dans un saladier, puis arrosez d'eau bouillante. Mélangez, couvrez et laissez reposer 30 minutes. Égouttez le boulghour en le pressant pour éliminer l'excédent d'eau.

2. Coupez les tomates en deux. Pelez et hachez les oignons. Mettez le boulghour dans un saladier, puis ajoutez les tomates, les oignons, le persil, le vinaigre et l'huile. Salez et poivrez, puis mélangez délicatement. Émiettez le chèvre sur le tout et servez.

TABOULÉ

Pour 4 à 6 personnes • Préparation : 15 min • Repos : 30 min • Difficulté : 1

- 250 g de semoule
- 50 cl de bouillon de légumes très chaud
- 4 ciboules
- 1 poivron rouge
- 1 poivron vert
- 1 concombre
- 6 cuill. à soupe de pesto
- 1/2 cuill. à café de cumin en poudre
- 150 g de feta
- 4 cuill. à soupe de pignons de pin grillés
- 2 cuill. à soupe de raisins secs blonds
- 8 cuill. à soupe de coriandre ciselée

1. Mettez la semoule dans un grand saladier et arrosez-la de bouillon. Couvrez et laissez reposer 10 minutes.

2. Émincez les ciboules, épépinez les poivrons, puis coupez le tout en lamelles. Détaillez le concombre en dés. Réunissez les ciboules, les poivrons et le concombre dans le saladier. Ajoutez le pesto et le cumin, puis mélangez à la fourchette. Émiettez la feta sur le tout, parsemez de pignons, de raisins secs et de coriandre, puis remuez délicatement et servez.

Salade ÉPINARDS & ŒUFS

Pour 4 personnes • Préparation : 15 min • Cuisson : 15 min • Difficulté : 1

- 500 g de pommes de terre à la chair ferme
- 6 cuill. à soupe d'huile d'olive vierge extra
- 2 échalotes
- 1 kg d'épinards, sans les tiges épaisses
- 2 cuill. à soupe de vinaigre de vin rouge
- 1 cuill. à soupe de moutarde de Dijon
- 60 g de parmesan en copeaux
- 4 gros œufs
- Sel et poivre du moulin

1. Épluchez les pommes de terre et coupez-les en dés. Mettez à chauffer la moitié de l'huile dans une poêle, ajoutez les pommes de terre, salez et poivrez, puis faites-les sauter de 12 à 15 minutes.

2. Pelez et hachez les échalotes avec les épinards. Dans un saladier, fouettez l'huile restante avec le vinaigre, la moutarde, les échalotes, du sel et du poivre. Ajoutez les épinards et le parmesan. Réservez sans mélanger.

3. Réunissez les pommes de terre et la préparation à base d'épinards dans un autre saladier. Mélangez délicatement, puis répartissez dans des assiettes.

4. Faites cuire les œufs sur le plat, puis déposez un œuf sur chaque portion de salade, assaisonnez et servez.

Salade BOULGHOUR & LENTILLES

Pour 4 à 6 personnes • Préparation : 15 min • Repos : 30 min • Cuisson : 15 à 20 min • Difficulté : 1

- 180 g de lentilles vertes du Puy
- 25 cl d'eau
- 200 g de boulghour fin
- 1/2 cuill. à café de gros sel marin
- 20 tomates cerises
- 6 ciboules
- 4 cuill. à soupe de jus de citron vert
- 3 cuill. à soupe d'huile d'olive vierge extra
- 120 g de feta
- Poivre du moulin

1. Mettez les lentilles dans une casserole et couvrez-les de 2,5 cm d'eau. Portez à ébullition, puis laissez frémir de 15 à 20 minutes à couvert. Égouttez-les.

2. Portez l'eau à ébullition dans une casserole. Ajoutez le boulghour, le gros sel et 1 pincée de poivre, couvrez, puis ôtez du feu et laissez gonfler 30 minutes. Transvasez le boulghour dans un saladier. Coupez les tomates en deux et émincez les ciboules.

3. Incorporez délicatement les lentilles, les tomates, les ciboules, le jus de citron et l'huile dans le saladier. Émiettez la feta sur le tout et servez.

Ne faites pas refroidir les pâtes en les rinçant sous l'eau du robinet ! Contentez-vous de bien les égoutter, puis mettez-les dans un saladier légèrement huilé.

Salade de pâtes GRECQUE

- 500 g de penne
- 200 g de feta
- 2 petits oignons rouges
- 2 gousses d'ail
- 500 g de tomates cerises
- 1 concombre
- 2 cuill. à soupe de câpres en saumure
- 100 g de grosses olives noires
- 2 cuill. à soupe de menthe ciselée
- 4 cuill. à soupe de basilic ciselé
- 1 cuill. à soupe de zeste de citron non traité râpé
- 4 cuill. à soupe d'huile d'olive vierge extra

Pour servir
- Feuilles de menthe

Pour 4 à 6 personnes • Préparation : 20 min • Cuisson : 30 à 35 min • Difficulté : 1

1. Faites cuire les penne al dente dans une casserole d'eau bouillante salée. Égouttez-les et mettez-les dans un saladier légèrement huilé.

2. Coupez la feta en dés. Pelez les oignons et l'ail, puis hachez-les. Coupez les tomates en deux et détaillez le concombre en dés. Égouttez les câpres.

3. Ajoutez tous les ingrédients dans le saladier et mélangez délicatement (la feta va fondre légèrement au contact des pâtes encore tièdes). Parsemez de menthe, puis servez sans attendre.

Si cette recette vous plaît, vous aimerez aussi…

Salade de pâtes
AUBERGINE & POIVRONS

Salade de pâtes TOMATES
CERISES & BLEU

Fusilli TOMATES CERISES
& CHÈVRE

Salade de pâtes AUBERGINE & POIVRONS

- 1 grosse aubergine
- 1 pincée de gros sel marin
- 60 cl d'huile d'olive vierge extra
- 2 poivrons
- 1 oignon
- 2 gousses d'ail
- 2 cuill. à soupe de câpres au sel
- 100 g d'olives vertes dénoyautées
- 1/2 pincée de sel
- 2 cuill. à soupe de pignons de pin
- 500 g de pâtes tubulaires courtes striées (de type ditalini rigate)
- 1 petit bouquet de basilic ciselé
- 2 cuill. à soupe de persil ciselé
- 1 cuill. à soupe d'origan ciselé

Pour 4 à 6 personnes • Préparation : 30 min • Dégorgement : 1h • Cuisson : 20 min • Difficulté : 2

1. Coupez l'aubergine en rondelles de 1 cm d'épaisseur, mettez-les dans une passoire et saupoudrez-les de gros sel. Laissez dégorger pendant 1 heure.

2. Coupez l'aubergine en dés. Mettez 50 cl d'huile à chauffer dans une sauteuse à feu vif, puis faites frire l'aubergine en procédant en plusieurs fois jusqu'à ce qu'elle soit bien dorée.

3. Préchauffez le gril du four et faites griller les poivrons jusqu'à ce que la peau noircisse. Placez-les 5 minutes dans un sachet en papier, puis retirez la peau et les pépins. Coupez-les en dés.

4. Pelez l'oignon et l'ail, puis hachez-les. Rincez les câpres et hachez les olives. Mettez à chauffer l'huile restante dans une casserole, puis faites revenir l'oignon et l'ail avec le sel jusqu'à ce qu'ils soient dorés. Dans une poêle, faites dorer les pignons à sec 3 ou 4 minutes.

5. Faites cuire les pâtes al dente dans une casserole d'eau bouillante salée. Égouttez-les, puis mettez-les dans un saladier avec les autres ingrédients. Mélangez et servez.

Salade de pâtes TOMATES CERISES & BLEU

- 500 g de farfalle
- 200 g de bleu (roquefort ou gorgonzola)
- 1 petit oignon rouge
- 2 gousses d'ail
- 500 g de tomates cerises
- 2 cuill. à soupe de câpres en saumure
- 100 g de grosses olives noires
- 8 cuill. à soupe de coriandre ciselée
- 1/2 cuill. à café de cumin en poudre
- 120 g de noix
- 100 g de roquette
- 4 cuill. à soupe d'huile d'olive vierge extra

Pour 4 à 6 personnes • Préparation : 15 min • Cuisson : 12 min • Difficulté : 1

1. Faites cuire les farfalle al dente dans une casserole d'eau bouillante salée. Égouttez-les et mettez-les dans un saladier.

2. Émiettez le bleu ou coupez-le en dés. Pelez l'oignon et l'ail, puis hachez-les. Coupez les tomates en deux. Égouttez les câpres. Ajoutez le bleu, l'oignon, l'ail, les tomates, les olives, les câpres, la coriandre et le cumin dans le saladier, puis mélangez délicatement (le fromage va fondre au contact des pâtes encore tièdes).

3. Décortiquez les noix et faites-les dorer à sec 3 ou 4 minutes dans une poêle, puis hachez-les. Ajoutez la roquette dans le saladier et mélangez délicatement. Garnissez de noix, arrosez d'huile et servez.

Cette recette toscane traditionnelle permet d'accommoder les restes de pain de la veille. Les Italiens utilisent un pain blanc à la mie ferme et non salé. Les haricots et le pecorino ne font pas partie des ingrédients de base de la panzanella ; ils ont été ajoutés pour composer un plat principal.

PANZANELLA

- 400 g de haricots blancs cannellini en conserve (dans les épiceries italiennes)
- 250 g de pain complet à la texture ferme
- 500 g de tomates roma
- 1 concombre
- 1 petit oignon rouge
- 150 g de pecorino affiné
- 6 cuill. à soupe d'huile d'olive vierge extra
- 4 cuill. à soupe de vinaigre de vin rouge
- 4 cuill. à soupe de feuilles de basilic
- Sel et poivre du moulin

Pour 4 personnes • Préparation : 15 min • Réfrigération : 1 à 2h • Difficulté : 1

1. Rincez, puis égouttez les haricots. Coupez le pain en petits morceaux et concassez les tomates. Tranchez le concombre en rondelles. Pelez l'oignon et émincez-le. Coupez le pecorino en dés.

2. Fouettez l'huile avec le vinaigre dans un saladier, puis salez et poivrez. Réunissez les haricots, le pain, les tomates, le concombre, l'oignon et le pecorino dans le saladier, puis mélangez le tout.

3. Couvrez et réservez de 1 à 2 heures au réfrigérateur. Hachez le basilic, parsemez-en la salade et servez.

Si cette recette vous plaît, vous aimerez aussi...

RIBOLLITA

Salade BOULGHOUR & TOMATES CERISES

TABOULÉ

Salade BOULGHOUR & FETA

- 180 g de boulghour moyen
- 50 cl d'eau bouillante
- 4 cuill. à soupe de pignons de pin
- 2 cuill. à soupe de jus de citron vert
- 2 cuill. à soupe d'huile d'olive vierge extra
- 2 petits oignons rouges
- 1 concombre
- 16 tomates cerises
- 50 g de persil ciselé
- 150 g de feta
- 200 g de pousses de salade
- Sel et poivre du moulin

Pour 4 à 6 personnes • Préparation : 15 min • Repos : 30 min • Difficulté : 1

1. Réunissez le boulghour et 2 pincées de sel dans un saladier, puis arrosez d'eau bouillante. Couvrez et laissez gonfler 30 minutes. Égouttez le boulghour en le pressant pour éliminer l'excédent d'eau.

2. Faites dorer les pignons à sec 3 ou 4 minutes dans une poêle. Fouettez le jus de citron avec l'huile dans un bol, salez et poivrez, puis réservez.

3. Pelez et émincez les oignons. Détaillez le concombre en dés et coupez les tomates en deux. Mettez le boulghour dans un saladier avec les oignons, le concombre, le persil et la moitié de la sauce au citron. Salez et poivrez. Émiettez la feta sur le tout et mélangez délicatement.

4. Mélangez les pousses de salade et le reste de la sauce dans un autre saladier. Garnissez de la préparation au boulghour et de pignons, puis servez.

Salade QUINOA & CÉLERI

- 60 g d'amandes
- 180 g de quinoa
- 1 poivron jaune
- 4 gousses d'ail
- 4 ciboules
- 2 courgettes
- 3 branches de céleri
- 3 cuill. à soupe d'huile d'olive vierge extra
- 1/2 cuill. à café de piment en poudre
- 1 cuill. à soupe de thym ciselé
- 50 cl d'eau
- 1/2 cuill. à café de gros sel marin
- Le jus de 2 citrons verts

Pour 4 personnes • Préparation : 15 min • Cuisson : 15 à 20 min • Difficulté : 1

1. Préchauffez le four à 180 °C (therm. 6). Hachez les amandes, puis faites-les dorer de 5 à 7 minutes. Réservez.

2. Rincez le quinoa sous l'eau jusqu'à ce que celle-ci soit limpide, puis égouttez soigneusement. Épépinez le poivron et coupez-le en petits morceaux. Pelez l'ail et hachez-le. Émincez les ciboules. Détaillez les courgettes et le céleri en dés. Mettez à chauffer les deux tiers de l'huile dans une casserole, puis faites revenir le poivron, l'ail, les ciboules et le piment 5 minutes.

3. Incorporez le quinoa, le thym, l'eau et le gros sel à la préparation. Portez à ébullition, puis couvrez et laissez frémir 7 minutes. Ajoutez les courgettes et prolongez la cuisson de 5 minutes. Ôtez du feu, puis ajoutez le céleri, les amandes et l'huile restante. Salez, puis aérez le tout à l'aide d'une fourchette. Laissez refroidir légèrement, arrosez de jus de citron et servez.

Les délicieuses lentilles vertes du Puy, originaires d'Auvergne, se passent de trempage et cuisent de 15 à 20 minutes. Elles conviennent particulièrement aux salades, car elles se tiennent bien à la cuisson.

Salade LENTILLES & CHÈVRE

- 180 g de lentilles vertes du Puy
- 3 échalotes
- 1 carotte
- 1 poivron rouge
- 1 branche de céleri
- 3 cuill. à soupe d'huile d'olive vierge extra
- 4 cuill. à soupe de persil ciselé
- 2 cuill. à soupe de vinaigre balsamique
- 150 g de pousses d'épinards
- 150 g de fromage de chèvre
- Sel et poivre du moulin

Pour 4 personnes • Préparation : 15 min • Cuisson : 15 à 20 min • Difficulté : 1

1. Mettez les lentilles dans une casserole d'eau bouillante, puis laissez frémir de 15 à 20 minutes en remuant de temps à autre.

2. Pendant ce temps, pelez et émincez les échalotes. Pelez la carotte, épépinez le poivron, puis coupez-les en dés avec le céleri. Mettez à chauffer la moitié de l'huile dans une poêle et faites revenir les échalotes 2 ou 3 minutes. Ajoutez le poivron, le céleri et la carotte, puis prolongez la cuisson de 5 minutes. Incorporez le persil, le vinaigre et le reste d'huile à la préparation, puis transvasez-la dans un saladier.

3. Égouttez les lentilles, puis ajoutez-les dans le saladier. Incorporez les pousses d'épinards, salez et poivrez. Émiettez le chèvre sur le tout, puis remuez délicatement et servez tiède.

Si cette recette vous plaît, vous aimerez aussi…

Soupe
de PATATES DOUCES

Soupe PATATES DOUCES
& LENTILLES

Gratin de LÉGUMES
ÉPICÉ

Pâtes & céréales

Bucatini SAUCE TOMATE & AMANDES

- 1 gros oignon
- 750 g de tomates
- 4 cuill. à soupe d'huile d'olive vierge extra
- 120 g d'amandes émondées
- 4 tranches de pain dur de la veille
- 500 g de bucatini (gros spaghettis finement troués)
- 120 g de pecorino ou de parmesan râpé
- Sel et poivre du moulin

Pour servir
- Feuilles de basilic

Pour 4 à 6 personnes • Préparation : 15 min • Cuisson : 35 à 40 min • Difficulté : 1

1. Pelez et hachez l'oignon. Pelez les tomates et concassez-les. Mettez à chauffer la moitié de l'huile dans une casserole, puis faites revenir l'oignon 3 ou 4 minutes. Ajoutez les tomates, salez et poivrez. Couvrez et laissez mijoter de 20 à 25 minutes à feu doux.

2. Faites griller les amandes à sec dans une poêle. Réservez.

3. Coupez le pain en dés. Mettez à chauffer l'huile restante dans une poêle, puis faites dorer le pain en remuant jusqu'à ce qu'il soit croustillant.

4. Faites cuire les bucatini al dente dans une casserole d'eau bouillante salée. Égouttez-les et mettez-les dans un plat préchauffé. Nappez-les de sauce tomate, parsemez-les d'amandes, de pain et de pecorino, puis remuez délicatement le tout. Garnissez de basilic et servez aussitôt.

Si cette recette vous plaît, vous aimerez aussi...

Rigatoni SAUCE TOMATE & POIVRONS

Tagliatelles aux AMANDES

Spaghettis épicés aux TOMATES

Farfalle aux LÉGUMES GRILLÉS

- 1 poivron rouge
- 1 poivron jaune
- 1 poivron vert
- 1 aubergine
- 3 courgettes
- 1 gousse d'ail
- 500 g de farfalle
- 8 cuill. à soupe de basilic ciselé
- 1 cuill. à soupe de menthe ciselée
- 4 cuill. à soupe d'huile d'olive vierge extra
- Sel et poivre du moulin

Pour 4 à 6 personnes • Préparation : 30 min • Cuisson : 30 min • Difficulté : 2

1. Retirez les pépins et les membranes blanches des poivrons, puis coupez la chair en quartiers. Mettez à chauffer le gril du four et faites griller les poivrons en les retournant régulièrement jusqu'à ce que la peau noircisse. Glissez-les dans un sac en plastique ou enveloppez-les d'une feuille d'aluminium, laissez reposer 10 minutes, puis enlevez la peau et hachez la chair.

2. Coupez l'aubergine en fines rondelles et les courgettes en fines tranches dans la longueur. Mettez un gril à chauffer, puis faites griller l'aubergine et la courgette jusqu'à ce qu'elles soient tendres et striées de noir. Hachez-les grossièrement. Pelez l'ail et hachez-le.

3. Faites cuire les farfalle al dente dans une casserole d'eau bouillante salée. Égouttez-les, puis mettez-les dans un saladier. Ajoutez les légumes grillés et mélangez délicatement. Garnissez d'ail, de basilic et de menthe, puis assaisonnez. Arrosez d'huile et servez.

Fusilli TOMATES CERISES & CHÈVRE

- 500 g de fusilli
- 2 gousses d'ail
- 750 g de tomates cerises
- 2 cuill. à soupe de câpres en saumure
- 4 cuill. à soupe d'huile d'olive vierge extra
- 100 g d'olives noires
- 250 g de fromage de chèvre
- 8 cuill. à soupe de feuilles de basilic
- Sel et poivre du moulin

Pour 4 à 6 personnes • Préparation : 15 min • Cuisson : 15 min • Difficulté : 1

1. Faites cuire les fusilli al dente dans une casserole d'eau bouillante salée. Pendant ce temps, pelez et hachez l'ail. Coupez les tomates en deux. Égouttez les câpres.

2. Mettez l'huile à chauffer dans une poêle, puis faites revenir l'ail 2 ou 3 minutes. Ajoutez les tomates, les câpres et les olives, poivrez, puis faites revenir 2 ou 3 minutes à feu vif en remuant régulièrement.

3. Égouttez les pâtes et versez-les dans la poêle. Incorporez le chèvre et le basilic à la préparation en mélangeant délicatement, puis servez sans attendre.

Ce plat de pâtes familial sera apprécié à la fin d'une belle journée d'été et ensoleillera les assiettes en hiver.

Rigatoni SAUCE TOMATE & POIVRONS

- 2 gros poivrons rouges
- 1 gros poivron jaune
- 750 g de tomates
- 2 gousses d'ail
- 4 cuill. à soupe d'huile d'olive vierge extra
- 2 cuill. à soupe de persil ciselé
- 500 g de rigatoni
- 4 cuill. à soupe de pecorino ou de parmesan râpé
- Sel et poivre du moulin

Pour servir
- Parmesan râpé

Pour 4 à 6 personnes • Préparation : 30 min • Cuisson : 45 min • Difficulté : 2

1. **Mettez à chauffer** le gril du four, puis faites griller les poivrons en les retournant régulièrement jusqu'à ce que la peau noircisse. Glissez-les dans un sac en plastique ou enveloppez-les d'une feuille d'aluminium, laissez reposer 10 minutes, puis ôtez la peau et les pépins. Détaillez la chair des poivrons en fines lamelles.

2. **Épluchez** les tomates et coupez-les en rondelles. Pelez l'ail et hachez-le. Mettez l'huile à chauffer dans une poêle, puis faites revenir les tomates et l'ail avec le persil. Assaisonnez. Réduisez le feu et laissez mijoter de 20 à 30 minutes à feu doux.

3. **Faites cuire** les rigatoni al dente dans une casserole d'eau bouillante salée. Égouttez-les et transvasez-les dans la poêle. Incorporez les poivrons et le pecorino à la préparation en mélangeant délicatement. Saupoudrez de parmesan et servez aussitôt.

Si cette recette vous plaît, vous aimerez aussi…

Farfalle aux LÉGUMES GRILLÉS

Conchiglie au CHOU-FLEUR

Orecchiette au BROCOLI

Pâtes & céréales

Conchiglie au CHOU-FLEUR

Pour 4 à 6 personnes • Préparation : 20 min • Cuisson : 30 min • Difficulté : 1

- 2 gousses d'ail
- 750 g de tomates
- 4 cuill. à soupe d'huile d'olive vierge extra
- 3 cuill. à soupe de persil ciselé
- 1 chou-fleur
- 500 g de conchiglie
- Sel et poivre du moulin

Pour servir
- 60 g de parmesan râpé
- Persil ciselé

1. Pelez l'ail et hachez-le. Épluchez et concassez les tomates. Mettez l'huile à chauffer dans une poêle et faites revenir l'ail 2 ou 3 minutes. Ajoutez les tomates et le persil. Salez et poivrez, puis laissez réduire 20 minutes à feu doux.
2. Détaillez le chou-fleur en fleurettes, puis faites-le cuire al dente avec les conchiglie dans une casserole d'eau bouillante légèrement salée. Égouttez soigneusement.
3. Ajoutez les pâtes et le chou-fleur dans la poêle, puis mélangez délicatement. Garnissez de parmesan et de persil, puis servez.

Penne alla CAPRESE

Pour 4 à 6 personnes • Préparation : 10 min • Cuisson : 15 min • Difficulté : 1

- 750 g de tomates cerises
- 250 g de mozzarella
- 2 gousses d'ail
- 500 g de penne
- 8 cuill. à soupe de basilic ciselé
- 6 cuill. à soupe d'huile d'olive vierge extra
- Sel et poivre du moulin

1. Coupez les tomates en deux et la mozzarella en dés. Pelez l'ail et hachez-le.
2. Faites cuire les penne al dente dans une casserole d'eau bouillante salée. Égouttez-les, puis mettez-les dans un saladier avec les tomates, la mozzarella, l'ail, le basilic et la menthe. Arrosez d'huile et assaisonnez. Servez aussitôt.

Tagliatelles aux AMANDES

Pour 4 personnes • Préparation : 15 min • Cuisson : 5 min • Difficulté : 1

- 3 tomates
- 2 gousses d'ail
- 120 g d'amandes émondées
- 1 bouquet de basilic
- 1/2 cuill. à café de piment en poudre
- 12 cl d'huile d'olive vierge extra
- 400 g de tagliatelles
- Sel et poivre du moulin

Pour servir
- 4 cuill. à soupe d'amandes effilées

1. Épluchez et concassez les tomates. Pelez l'ail, puis mettez-le dans le bol d'un robot avec les amandes, 1 pincée de sel et du poivre. Mixez le tout jusqu'à l'obtention d'un mélange presque lisse.
2. Ajoutez le basilic et la moitié des tomates, puis mixez de nouveau pour obtenir une préparation lisse. Salez, puis incorporez le piment et l'huile au mélange.
3. Faites cuire les tagliatelles al dente dans une casserole d'eau bouillante salée. Égouttez-les et mettez-les dans un saladier préchauffé. Nappez de sauce, puis garnissez des tomates restantes. Parsemez d'amandes et servez.

Spaghettis épicés aux TOMATES

Pour 4 à 6 personnes • Préparation : 15 min • Cuisson : 20 à 25 min • Difficulté : 1

- 4 gousses d'ail
- 2 piments rouges
- 1 kg de tomates
- 2 cuill. à soupe de câpres au sel
- 6 cuill. à soupe d'huile d'olive vierge extra
- 100 g d'olives noires dénoyautées
- 1 cuill. à soupe de concentré de tomates
- 500 g de spaghettis
- Sel et poivre du moulin

Pour servir
- 60 g de parmesan en copeaux
- Feuilles de persil

1. Pelez l'ail et hachez-le. Épépinez, puis émincez les piments. Épluchez et concassez les tomates. Rincez les câpres. Mettez l'huile à chauffer dans une poêle, puis faites revenir l'ail et les piments 3 minutes. Ajoutez les tomates, les câpres, les olives et le concentré de tomates, puis laissez réduire de 15 à 20 minutes.
2. Faites cuire les spaghettis al dente dans une casserole d'eau bouillante salée. Égouttez-les et mettez-les dans la poêle. Poivrez, puis faites revenir 1 ou 2 minutes à feu vif en mélangeant. Garnissez de parmesan et de persil. Servez sans attendre.

Ce plat consistant, simple et rapide à préparer, est parfait pour régaler des convives un soir de semaine. Les cèpes séchés sont originaires d'Italie. Ils donneront beaucoup de saveur à votre béchamel.

Gratin de macaroni aux PETITS POIS

- › 300 g de petits pois
- › 500 g de macaroni
- › 60 g de beurre
- › 150 g de parmesan râpé
- › 200 g de mozzarella
- › 4 cuill. à soupe de lait
- › 2 cuill. à soupe de chapelure fine

Pour la sauce béchamel
- › 30 g de cèpes séchés (dans les épiceries fines)
- › 45 g de beurre
- › 3 cuill. à soupe de farine
- › 75 cl de lait
- › 1/2 cuill. à café de noix de muscade râpée
- › Sel et poivre du moulin

Pour 6 personnes • Préparation : 30 min • Cuisson : 40 min • Difficulté : 1

1. Préparez la sauce béchamel. Mettez les cèpes à tremper 15 minutes dans un peu d'eau tiède. Faites fondre le beurre dans une casserole à feu doux, ajoutez la farine et remuez régulièrement pendant 3 minutes. Ôtez du feu et versez le lait en une fois. Mélangez soigneusement, puis remettez la casserole sur le feu. Salez, poivrez et ajoutez la muscade. Portez à ébullition, puis laissez frémir 5 minutes. Égouttez les cèpes en récupérant l'eau de trempage. Hachez-les, puis incorporez-les à la préparation avec l'eau de trempage.

2. Écossez les petits pois. Faites cuire les macaroni dans une casserole d'eau bouillante salée. À mi-cuisson, égouttez-les, puis incorporez-leur le beurre, 2 cuillerées à soupe de parmesan et un tiers de la sauce béchamel.

3. Préchauffez le four à 200 °C (therm. 6-7) et beurrez un plat à gratin. Mettez la moitié des pâtes dans le plat et parsemez-les de la moitié du parmesan restant. Coupez la mozzarella en tranches, puis garnissez-en les pâtes. Ajoutez les petits pois. Nappez de la moitié de la béchamel restante. Couvrez du reste des pâtes, parsemez du reste de parmesan et nappez du reste de béchamel. Arrosez de lait et saupoudrez de chapelure.

4. Enfournez pour 15 à 20 minutes. Sortez du four et laissez reposer 10 minutes, puis servez.

Tortelli ÉPINARDS & RICOTTA

- 750 g d'épinards, sans les tiges épaisses
- 90 g de beurre
- 1 pincée de noix de muscade râpée
- 250 g de ricotta
- 120 g de parmesan râpé
- Sel

Pour la pâte
- 450 g de farine
- 4 très gros œufs battus

Pour servir
- 125 g de beurre fondu
- 120 g de parmesan râpé
- 1 cuill. à soupe de persil haché

Pour 4 à 6 personnes • Préparation : 45 min • Repos : 30 min • Cuisson : 15 min • Difficulté : 3

1. **Préparez** la pâte. Versez la farine en monticule sur le plan de travail. Creusez un puits au centre et versez-y les œufs, puis incorporez-les progressivement à la farine à l'aide d'une fourchette. Formez une boule de pâte et pétrissez-la 15 minutes. Enveloppez-la de film alimentaire et laissez-la reposer 30 minutes.

2. **Faites cuire** les épinards 2 ou 3 minutes dans une casserole d'eau bouillante salée. Égouttez-les, puis hachez-les.

3. **Faites chauffer** le beurre dans une poêle, ajoutez les épinards et la muscade, salez, puis faites revenir 5 minutes. Laissez refroidir légèrement, puis incorporez la ricotta et le parmesan à la préparation en mélangeant soigneusement.

4. **Étalez** la pâte en fines feuilles. Prélevez de petites portions de la préparation à base d'épinards, puis déposez-les à intervalles réguliers sur la moitié des feuilles de pâte et couvrez des feuilles restantes. Découpez les tortelli avec un emporte-pièce cannelé.

5. **Faites cuire** les tortelli 3 ou 4 minutes dans une casserole d'eau bouillante salée, en procédant en plusieurs fois. Retirez-les de la casserole à l'aide d'une écumoire et mettez-les dans un saladier préchauffé. Garnissez de beurre, de parmesan et de persil, puis servez aussitôt.

Orecchiette au BROCOLI

- 1 brocoli
- 3 gousses d'ail
- 1 piment rouge
- 20 tomates cerises
- 4 cuill. à soupe d'huile d'olive vierge extra
- 500 g d'orecchiette
- 120 g de pecorino râpé
- Sel

Pour 4 à 6 personnes • Préparation : 30 min • Cuisson : 35 à 40 min • Difficulté : 1

1. Coupez la tige du brocoli en dés et détaillez la tête en fleurettes, puis faites-les cuire 8 minutes dans une casserole d'eau bouillante salée. Égouttez le tout en récupérant l'eau de cuisson pour les pâtes.

2. Pelez et hachez l'ail. Épépinez le piment et émincez-le. Coupez les tomates en deux. Mettez l'huile à chauffer dans une poêle, puis faites revenir l'ail jusqu'à ce qu'il commence à dorer. Ajoutez le brocoli, le piment et les tomates. Salez et prolongez la cuisson de 5 minutes à feu doux. Ôtez du feu.

3. Portez à ébullition l'eau de cuisson du brocoli et faites cuire les orecchiette al dente. Égouttez-les, puis mettez-les dans la poêle. Mélangez pendant 1 ou 2 minutes à feu vif, puis ôtez du feu, parsemez de pecorino et servez.

La paella est une spécialité espagnole, originaire de la côte sud du pays. Elle se prépare dans une grande poêle, dans laquelle le riz cuit à feu doux avec les autres ingrédients jusqu'à ce qu'il soit tendre.

Paella VÉGÉTARIENNE

- 2 petits oignons rouges
- 2 gousses d'ail
- 1 poivron rouge
- 1 poivron jaune
- 3 poivrons verts
- 6 cuill. à soupe d'huile d'olive vierge extra
- 3 feuilles de laurier
- 1 cuill. à café de paprika fumé
- 1 cuill. à café de curcuma
- 1 cuill. à café de piment de Cayenne
- 300 g de riz de Calasparra (riz rond espagnol)
- 18 cl de xérès
- 2 cuill. à café de filaments de safran
- 1 l de bouillon de légumes bouillant
- 10 cœurs d'artichauts en conserve
- 24 tomates cerises
- 300 g de petits pois
- 16 olives de Kalamata dénoyautées (dans les magasins bio et les épiceries grecques)
- Sel

Pour servir
- 8 quartiers de citron

Pour 4 personnes • Préparation : 25 min • Cuisson : 35 à 40 min • Difficulté : 2

1. Pelez et hachez les oignons. Pelez l'ail, puis émincez-le. Épépinez les poivrons et coupez-les en lamelles. Mettez l'huile à chauffer dans une poêle à paella ou une grande poêle, puis faites revenir l'oignon 3 ou 4 minutes. Ajoutez les poivrons et prolongez la cuisson de 8 à 10 minutes.

2. Ajoutez l'ail, faites revenir 1 minute, puis incorporez le laurier, le paprika, le curcuma, le piment de Cayenne et le riz. Laissez cuire 2 minutes en remuant. Ajoutez le xérès et le safran, prolongez la cuisson de 1 minute, puis arrosez de bouillon et salez généreusement. Réduisez le feu au minimum et laissez mijoter 20 minutes sans remuer (la faible température empêchera le riz d'accrocher à la poêle).

3. Ôtez du feu et salez selon votre goût en vous abstenant de trop mélanger. Égouttez les artichauts et détaillez-les en quartiers. Coupez les tomates en deux. Écossez les petits pois. Garnissez la préparation d'artichauts, de tomates et de petits pois. Couvrez la poêle d'une feuille d'aluminium et laissez reposer 10 minutes.

4. Retirez la feuille d'aluminium. Parsemez d'olives, puis servez avec du citron.

Risotto aux ÉPINARDS

- 500 g de pousses d'épinards
- 120 g de beurre
- 60 g de parmesan râpé
- 1 pincée de noix de muscade râpée
- 1 petit oignon blanc
- 400 g de riz italien pour risotto (de type arborio)
- 12,5 cl de vin blanc sec
- 1,25 l de bouillon de légumes
- Sel et poivre du moulin

Pour servir
- Pousses d'épinards
- Parmesan en copeaux

Pour 4 à 6 personnes • Préparation : 25 min • Cuisson : 35 min • Difficulté : 1

1. Faites cuire les pousses d'épinards de 3 à 5 minutes dans une petite casserole d'eau bouillante salée. Égouttez-les soigneusement et hachez-les.

2. Faites chauffer les trois quarts du beurre dans une casserole à feu doux, puis ajoutez les épinards, le parmesan et la muscade. Salez et poivrez, puis mélangez soigneusement le tout.

3. Pelez l'oignon et hachez-le. Mettez à chauffer le beurre restant dans une poêle, puis faites revenir l'oignon 3 ou 4 minutes. Augmentez légèrement le feu, puis ajoutez le riz et remuez régulièrement pendant 2 ou 3 minutes. Incorporez le vin, puis mélangez jusqu'à ce qu'il se soit évaporé. Arrosez de bouillon en procédant 10 cl par 10 cl et en attendant qu'il ait été absorbé avant d'en remettre. Laissez cuire 20 minutes en mélangeant régulièrement.

4. Ajoutez la préparation à base d'épinards dans la poêle, salez et poivrez. Garnissez de pousses d'épinards et de parmesan, puis servez.

Risotto aux ASPERGES

- 750 g d'asperges
- 60 g de beurre
- 1,5 l de bouillon de légumes bouillant
- 1 oignon
- 400 g de riz italien pour risotto (de type arborio)
- 6 cuill. à soupe de vin blanc sec
- 4 cuill. à soupe de crème fraîche épaisse, très chaude
- 60 g de parmesan râpé
- Poivre du moulin

Pour servir
- 2 cuill. à soupe de persil ciselé

Pour 4 à 6 personnes • Préparation : 30 min • Cuisson : 35 à 40 min • Difficulté : 1

1. Pelez les asperges, puis hachez les tiges et réservez les pointes. Mettez à chauffer la moitié du beurre dans une poêle à feu doux, puis faites revenir les tiges d'asperge 2 ou 3 minutes. Mouillez avec 25 cl de bouillon et portez à ébullition. Laissez frémir 10 minutes, puis transvasez la préparation dans le bol d'un robot et mixez jusqu'à l'obtention d'un mélange lisse. Réservez dans un saladier.

2. Pelez et hachez l'oignon. Mettez à chauffer le reste de beurre dans une casserole à feu doux, puis faites revenir l'oignon 3 ou 4 minutes. Ajoutez le riz et prolongez la cuisson de 2 minutes en remuant régulièrement. Incorporez le vin puis mélangez jusqu'à ce qu'il se soit évaporé. Arrosez d'une partie du bouillon en procédant 10 cl par 10 cl. Laissez cuire 10 minutes, puis ajoutez le mélange à base de tiges d'asperge et les pointes d'asperge. Continuez de verser du bouillon et de mélanger pendant 20 minutes.

3. Ajoutez la crème fraîche et le parmesan, puis poivrez. Garnissez de persil et servez sans attendre.

Pâtes & céréales

Le risotto est une spécialité du nord de l'Italie. Ce plat délicieusement crémeux et fondant se prépare avec un riz rond spécial, comme l'arborio, qui libère progressivement son amidon lors de la cuisson à feu doux à condition d'être remué régulièrement.

Risotto BLEU & POIRES

- 2 poires mûres mais fermes
- 1 petit oignon
- 90 g de beurre
- 400 g de riz italien pour risotto (de type arborio)
- 12 cl de cognac
- 1,5 l de bouillon de légumes
- 250 g de bleu (gorgonzola, roquefort ou stilton)

Pour servir
- 60 g de cerneaux de noix
- 2 cuill. à soupe de persil ciselé

Pour 4 à 6 personnes • Préparation : 20 min • Cuisson : 25 à 30 min • Difficulté : 1

1. Pelez les poires et l'oignon, puis hachez-les. Mettez le beurre à chauffer dans une poêle, puis faites revenir l'oignon 3 ou 4 minutes. Ajoutez le riz et les poires, puis prolongez la cuisson de 2 minutes. Mouillez avec le cognac et laissez réduire jusqu'à ce que le liquide se soit évaporé.

2. Arrosez de bouillon en procédant 10 cl par 10 cl et en attendant qu'il ait été absorbé avant d'en remettre. Laissez cuire 20 minutes en remuant. Ajoutez le bleu, puis ôtez du feu.

3. Faites dorer les noix à sec dans une poêle, puis hachez-les.

4. Servez le risotto dans des assiettes. Garnissez de noix et de persil, puis servez aussitôt.

Si cette recette vous plaît, vous aimerez aussi…

Risotto aux ÉPINARDS

Risotto aux ASPERGES

Risotto d'ORGE PERLÉ AUX ASPERGES

Riz complet aux EDAMAME

- 35 cl d'eau
- 150 g de riz long complet
- 200 g d'edamame (graines de soja vertes), sans les gousses
- 1 cuill. à soupe de jus de citron vert
- 1 cuill. à soupe de vinaigre de riz
- 1½ cuill. à café d'huile de sésame
- 1/2 cuill. à café de sucre roux
- 3 ciboules
- Sel et poivre du moulin

Pour servir
- Graines de sésame

Pour 4 à 6 personnes • Préparation : 25 min • Cuisson : 35 min • Difficulté : 1

1. Versez l'eau dans une casserole, salez-la légèrement et portez-la à ébullition. Ajoutez le riz, puis attendez la reprise de l'ébullition. Réduisez le feu, couvrez et laissez frémir 30 minutes.

2. Ajoutez les edamame, couvrez et prolongez la cuisson de 15 à 20 minutes.

3. Fouettez le jus de citron avec le vinaigre, l'huile et le sucre dans un bol jusqu'à ce que le sucre soit dissous.

4. Émincez les ciboules en biais, puis incorporez-les au riz avec la sauce. Assaisonnez, parsemez de sésame et servez.

Risotto d'ORGE PERLÉ AUX ASPERGES

- 3 poireaux
- 300 g de petits pois
- 3 cuill. à soupe d'huile d'olive vierge extra
- 270 g d'orge perlé
- 12 cl de vin blanc sec
- 50 cl d'eau
- 75 cl de bouillon de légumes
- 500 g d'asperges
- 60 g de parmesan râpé
- 4 cuill. à soupe de menthe ciselée
- Sel et poivre du moulin

Pour servir
- Feuilles de menthe

Pour 4 à 6 personnes • Préparation : 30 min • Cuisson : 35 à 40 min • Difficulté : 1

1. Émincez les poireaux. Écossez les petits pois. Mettez l'huile à chauffer dans une poêle, puis faites revenir les poireaux et l'orge de 5 à 7 minutes. Ajoutez le vin, puis remuez pendant 5 minutes. Mouillez avec l'eau et portez à ébullition. Réduisez le feu, puis assaisonnez et laissez frémir 10 minutes. Versez le bouillon dans la poêle et prolongez la cuisson de 10 minutes.

2. Pelez les asperges et coupez-les en petits tronçons. Ajoutez-les avec les petits pois et laissez frémir encore 5 minutes.

3. Incorporez le parmesan et la menthe, puis salez et poivrez. Garnissez de menthe et servez aussitôt.

Le temps de cuisson de l'orge perlé varie de 20 à 30 minutes, mais il existe aussi des variétés précuites, prêtes en 10 minutes.

Orge perlé au PESTO DE TOMATES

- 300 g d'orge perlé
- 250 g de mozzarella
- 50 g de parmesan en copeaux
- 2 cuill. à soupe de basilic ciselé

Pour le pesto de tomates
- 75 g d'amandes émondées
- 12 tomates séchées au soleil à l'huile
- 1 cuill. à soupe de câpres au sel
- 6 cuill. à soupe d'huile d'olive vierge extra
- Le jus de 1/2 citron

Pour servir
- 100 g de roquette

Pour 4 à 6 personnes • Préparation : 10 min • Cuisson : 20 à 30 min • Difficulté : 1

1. Faites cuire l'orge de 20 à 30 minutes dans une casserole d'eau bouillante salée. Égouttez soigneusement et réservez au chaud.

2. Préparez le pesto de tomates. Faites griller les amandes à sec dans une poêle. Égouttez les tomates. Rincez les câpres. Réunissez les amandes, les tomates, les câpres, l'huile et le jus de citron dans le bol d'un robot, puis mixez jusqu'à l'obtention d'une préparation lisse.

3. Coupez la mozzarella en dés. Incorporez le pesto de tomates et la mozzarella à l'orge chaud (la mozzarella va commencer à fondre à son contact). Garnissez de parmesan et de basilic, puis servez avec la roquette.

Si cette recette vous plaît, vous aimerez aussi…

Risotto
aux ÉPINARDS

Riz complet
aux EDAMAME

Risotto d'ORGE PERLÉ
AUX ASPERGES

Légumes & haricots

Burgers HARICOTS & BOULGHOUR

- 90 g de boulghour moyen
- 25 cl d'eau bouillante
- 1 gousse d'ail
- 1 oignon
- 2 cuill. à soupe huile d'olive vierge extra
- 1 cuill. à café de cumin en poudre
- 1/2 cuill. à café de coriandre en poudre
- 800 g de haricots rouges en conserve
- 50 g d'amandes en poudre
- 4 petits pains complets pour burgers
- Quelques feuilles de laitue
- Quelques rondelles de tomate
- Sel et poivre du moulin

Pour servir
- Yaourt nature
- Ketchup

Pour 4 personnes • Préparation : 30 min • Trempage et réfrigération : 1h • Cuisson : 15 à 20 min • Difficulté : 2

1. Mettez le boulghour avec 1 pincée de sel dans un saladier, puis arrosez d'eau bouillante. Couvrez et laissez gonfler pendant 30 minutes. Égouttez le boulghour en le pressant pour éliminer l'excédent d'eau.

2. Pelez l'ail et l'oignon, puis hachez-les. Mettez l'huile à chauffer dans une poêle, puis faites revenir l'ail et l'oignon 3 minutes. Ajoutez le cumin et la coriandre. Laissez cuire 1 minute.

3. Rincez les haricots et égouttez-les. Écrasez-les à la fourchette dans un saladier, puis incorporez-leur le boulghour, la préparation à base d'oignon et les amandes. Assaisonnez et façonnez 4 galettes. Réservez 30 minutes au frais.

4. Mettez l'huile à chauffer dans une poêle, puis faites cuire les galettes de 10 à 12 minutes en les retournant régulièrement. Coupez les pains en deux et faites-les griller. Garnissez leur base de laitue, de tomate et d'une galette. Ajoutez un peu de yaourt et de ketchup. Couvrez avec le dessus des pains, puis servez.

Si cette recette vous plaît, vous aimerez aussi...

Burgers LÉGUMES & BOULGHOUR

Burgers épicés aux HARICOTS

Ragoût toscan aux HARICOTS CANNELLINI

Burgers LÉGUMES & BOULGHOUR

- 90 g de boulghour moyen
- 25 cl d'eau bouillante
- 4 ciboules
- 1 grosse carotte
- 400 g de haricots pinto en conserve
- 30 g de chapelure fine
- 1 gros œuf
- 1 pincée de piment de Cayenne
- 2 cuill. à soupe de *tahini* (pâte de sésame)
- 3 cuill. à soupe d'huile végétale
- 4 petits pains complets pour burgers
- Quelques feuilles de salade
- Sel et poivre du moulin

Pour servir
- Sauce pimentée sucrée

Pour 4 personnes • Préparation : 15 min • Trempage : 30 min • Cuisson : 10 à 12 min • Difficulté : 1

1. Mettez le boulghour avec 1 pincée de sel dans un saladier, puis arrosez d'eau bouillante. Couvrez et laissez gonfler pendant 30 minutes. Égouttez le boulghour en le pressant pour éliminer l'excédent d'eau.

2. Émincez les ciboules. Pelez et râpez la carotte. Rincez les haricots et égouttez-les. Écrasez-les avec une fourchette dans un saladier jusqu'à l'obtention d'une consistance lisse. Ajoutez les ciboules, la carotte, la chapelure, l'œuf, le piment de Cayenne, le *tahini* et le boulghour. Salez et poivrez, mélangez soigneusement, puis façonnez 4 galettes.

3. Mettez l'huile à chauffer dans une poêle, puis faites cuire les galettes de 10 à 12 minutes en les retournant régulièrement.

4. Coupez les pains en deux et faites-les griller. Garnissez leur base de salade et d'une galette, puis nappez de sauce pimentée. Couvrez avec le dessus des pains et servez aussitôt.

Burgers épicés aux HARICOTS

- 800 g de haricots blancs cannellini en conserve (dans les épiceries italiennes)
- 100 g de chapelure fine
- 2 cuill. à café de piment en poudre
- 4 cuill. à soupe de coriandre ciselée
- 1 gros œuf
- 15 cl de yaourt nature
- Le jus de 1/2 citron vert
- 4 petits pains complets pour burgers
- 1 avocat
- Quelques feuilles de salade
- Sel et poivre du moulin

Pour la salsa
- 3 tomates
- 1 gousse d'ail
- 1 petit oignon
- 1/4 de piment rouge
- 1 cuill. à soupe de coriandre ciselée

Pour servir
- Yaourt nature

Pour 4 personnes • Préparation : 20 min • Repos : 20 min • Cuisson : 8 à 10 min • Difficulté : 1

1. Préparez la salsa. Concassez les tomates. Pelez l'ail et l'oignon, puis hachez-les. Épépinez le piment et hachez-le. Mélangez le tout avec la coriandre dans un saladier, puis laissez reposer 30 minutes à température ambiante.

2. Mettez un gril à chauffer à feu vif. Rincez les haricots et égouttez-les, puis écrasez-les dans un saladier. Ajoutez la chapelure, le piment en poudre, les trois quarts de la coriandre, l'œuf et 2 cuillerées à soupe de salsa. Assaisonnez et mélangez soigneusement. Façonnez 4 galettes, puis faites-les griller de 8 à 10 minutes en les retournant régulièrement.

3. Coupez l'avocat en deux, ôtez la peau et le noyau, puis coupez la chair en tranches. Dans un bol, mélangez le yaourt avec le jus de citron, le reste de la coriandre et du poivre. Coupez les pains en deux et tartinez-les d'un peu de préparation au yaourt. Garnissez leur base de salade, d'avocat, d'une galette et de la préparation à base d'oignon. Ajoutez un peu de yaourt et de salsa, puis couvrez avec le dessus des pains et servez sans attendre.

Servi avec du riz, ce curry constitue un véritable plat principal. N'hésitez pas à varier les légumes en fonction des produits de saison, de vos préférences et de ce que vous avez sous la main.

Curry épicé à l'ANANAS

- › 2 tomates
- › 225 g d'ananas
- › 150 g de petits pois
- › 2 anis étoilés
- › 2 *pak choï* (chou chinois)
- › 1 tige de citronnelle
- › 2 cuill. à soupe d'huile d'arachide
- › 75 cl de lait de coco
- › 150 g de champignons
- › 1 bâton de cannelle
- › 1 pincée de clous de girofle en poudre
- › 1/2 pincée de noix de muscade râpée
- › 1 cuill. à soupe de jus de citron vert
- › Sel et poivre du moulin

Pour la pâte aux épices
- › 4 à 6 piments rouges séchés
- › 2 gousses d'ail
- › 6 échalotes
- › 1 cuill. à café de graines de coriandre
- › 1 cuill. à café de curcuma
- › 1 cuill. à soupe de gingembre râpé

Pour servir
- › 2 échalotes pelées, émincées et légèrement sautées
- › Feuilles de coriandre
- › Riz basmati cuit

Pour 4 à 6 personnes • Préparation : 20 min • Cuisson : 15 à 20 min • Difficulté : 1

1. Préparez la pâte aux épices. Émiettez les piments. Pelez l'ail et les échalotes, puis hachez-les. Pilez le tout dans un mortier avec la coriandre, le curcuma et le gingembre.

2. Coupez les tomates en rondelles et l'ananas en dés. Écossez les petits pois. Hachez l'anis, les *pak choï* et la citronnelle. Mettez l'huile à chauffer dans un wok ou une grande poêle, puis faites revenir la pâte aux épices jusqu'à ce que ses parfums se développent. Arrosez de lait de coco et portez à ébullition en remuant constamment.

3. Ajoutez l'ananas, les petits pois, les champignons, les tomates, l'anis, les *pak choï*, la citronnelle, la cannelle, le clou de girofle, la muscade et le jus de citron. Salez et poivrez, puis laissez mijoter de 10 à 15 minutes.

4. Transvasez la préparation dans un plat préchauffé, puis garnissez d'échalotes et de coriandre. Servez accompagné de riz basmati.

Si cette recette vous plaît, vous aimerez aussi...

Curry TOFU & ÉPINARDS

Nouilles épicées au TOFU

RATATOUILLE

Curry TOFU & ÉPINARDS

- 2 oignons
- 5 gousses d'ail
- 2 cuill. à soupe d'huile d'arachide
- 400 g de tofu ferme
- 4 tomates
- 1 cuill. à café de garam masala
- 1/2 cuill. à café de curcuma
- 1/2 cuill. à café de cumin en poudre
- 200 g d'épinards
- Sel et poivre du moulin

Pour 4 personnes • Préparation : 10 min • Cuisson : 15 min • Difficulté : 1

1. Épluchez les oignons et coupez-les en dés. Pelez et hachez l'ail. Mettez l'huile à chauffer dans une poêle, puis faites revenir les oignons et l'ail 3 ou 4 minutes.

2. Coupez le tofu en dés et concassez les tomates. Ajoutez le tofu, les tomates, le garam masala, le curcuma et le cumin dans la poêle. Salez et poivrez, puis laissez revenir 5 minutes en remuant régulièrement.

3. Incorporez les épinards à la préparation et prolongez la cuisson de 1 ou 2 minutes. Servez sans attendre.

Nouilles épicées au TOFU

- 250 g de tofu ferme
- 20 pleurotes
- 12 pois gourmands
- Un peu d'huile végétale
- 400 g de nouilles udon cuites

Pour la pâte aux épices
- 30 g de gingembre
- 3 échalotes
- 2 tiges de citronnelle
- 2 piments rouges
- 1 gousse d'ail
- 1 cuill. à café de curcuma
- 1 pincée de sel
- 2 cuill. à soupe d'huile d'arachide

Pour la sauce
- 40 cl de lait de coco en conserve
- 25 cl de bouillon de légumes

Pour servir
- Feuilles de coriandre
- Cacahuètes hachées
- Quartiers de citron vert

Pour 4 à 6 personnes • Préparation : 20 min • Cuisson : 20 min • Difficulté : 1

1. Préparez la pâte aux épices. Pelez, puis hachez le gingembre et les échalotes. Réunissez tous les ingrédients dans le bol d'un robot, à l'exception de l'huile, puis mixez jusqu'à l'obtention d'une pulpe. Continuez de mixer en ajoutant progressivement l'huile pour obtenir une pâte lisse.

2. Préparez la sauce. Mettez une poêle à chauffer et faites revenir la pâte aux épices 2 ou 3 minutes. Mouillez avec le lait de coco et le bouillon, puis laissez frémir 5 minutes.

3. Coupez le tofu en dés de 2,5 cm de côté. Émincez les pleurotes en lamelles. Coupez les pois gourmands en deux. Mettez à chauffer une sauteuse emplie d'huile jusqu'à mi-hauteur (un petit morceau de pain jeté dans l'huile doit remonter immédiatement à la surface). Faites frire le tofu 2 ou 3 minutes, puis retirez-le à l'aide d'une écumoire et égouttez-le sur du papier absorbant.

4. Mettez à chauffer 1 cuillerée à soupe d'huile dans une poêle et faites revenir les pleurotes 3 ou 4 minutes. Ajoutez-les à la sauce avec les pois gourmands, le tofu et les nouilles. Garnissez de coriandre et de cacahuètes, puis servez accompagné de citron vert.

Légumes & haricots

Légumes & haricots

Ces crêpes originales et très esthétiques composent un véritable repas de fête. Elles se préparent de la fin du printemps jusqu'au cœur de l'été, lorsque les fleurs de courgettes sont disponibles sur les étals des primeurs. Réservez-en quelques-unes pour garnir le plat.

Crêpes RICOTTA & COURGETTES

- 350 g de courgettes
- 24 fleurs de courgette
- 30 g de beurre
- 400 g de ricotta
- 60 g de pignons de pin grillés
- 1/2 cuill. à café de noix de muscade râpée
- 30 cl de crème fraîche épaisse
- 1 cuill. à soupe de parmesan râpé

Pour la pâte
- 250 g de farine
- 50 cl de lait
- 4 œufs
- 1 cuill. à soupe de thym ciselé
- 1 cuill. à soupe de marjolaine ciselée
- 1 cuill. à soupe de persil ciselé
- 1/2 cuill. à café de sel
- 15 g de beurre

Pour 6 personnes • Préparation : 45 min • Cuisson : 30 min • Difficulté : 3

1. Préparez la pâte. Mélangez la farine avec le lait dans un saladier. Ajoutez les œufs, puis fouettez jusqu'à l'obtention d'une pâte homogène. Incorporez le thym, la marjolaine, le persil, le sel et mélangez soigneusement. Préchauffez le four à 180 °C (therm. 6). Mettez le beurre à chauffer dans une petite poêle. Versez-y juste assez de pâte pour couvrir le fond, puis faites dorer la crêpe en la retournant une fois à l'aide d'une spatule. Répétez l'opération jusqu'à l'épuisement de la pâte. Réservez les crêpes dans le four en les empilant au fur et à mesure.

2. Retirez les crêpes du four et augmentez la température à 200 °C (therm. 6-7). Beurrez un plat allant au four.

3. Émincez les courgettes en rondelles. Rincez délicatement les fleurs de courgette. Mettez le beurre à chauffer dans une poêle et faites revenir les courgettes de 5 à 10 minutes. Ajoutez les fleurs, la ricotta, les pignons et la muscade, puis prolongez la cuisson de 3 minutes.

4. Déposez 2 ou 3 cuillerées à soupe de garniture au centre de chaque crêpe, puis pliez-les en quatre pour former des triangles. Répartissez-les dans le plat. Garnissez le tout de crème fraîche et de parmesan, puis couvrez le plat d'une feuille d'aluminium et enfournez pour 10 minutes. Retirez la feuille d'aluminium et prolongez la cuisson de 8 à 10 minutes.

Flan ASPERGES & COURGETTE

- 500 g d'asperges
- 1 courgette
- 6 cuill. à soupe de parmesan râpé
- 2 cuill. à soupe de beurre fondu
- 6 gros œufs
- 15 cl de crème fraîche épaisse
- 2 cuill. à soupe d'amandes effilées
- Sel et poivre du moulin

Pour servir
- Roquette
- Bâtonnets de courgette

Pour 4 personnes • Préparation : 20 min • Cuisson : 15 à 20 min • Difficulté : 1

1. Préchauffez le four à 200 °C (therm. 6-7) et beurrez un moule à cake. Coupez l'extrémité des asperges et pelez-les. Tranchez la courgette en fines rondelles. Faites cuire les asperges de 3 à 5 minutes dans une casserole d'eau bouillante salée. Égouttez-les, puis hachez-les.

2. Superposez des couches d'asperges et de courgette dans le moule en garnissant chacune de parmesan, de sel, de poivre et de quelques gouttes de beurre fondu. Battez les œufs avec la crème fraîche dans un bol jusqu'à l'obtention d'un mélange homogène, puis versez-le dans le moule. Parsemez le tout d'amandes.

3. Enfournez de 10 à 15 minutes. Coupez le flan en tranches, puis servez chaud ou à température ambiante, accompagné de roquette et de bâtonnets de courgette.

Cake ASPERGES & OLIVES

- 250 g d'asperges
- 200 g de farine à levure incorporée
- 1 cuill. à soupe de feuilles de thym
- 3 gros œufs battus
- 12 cl de lait
- 6 cuill. à soupe d'huile d'olive vierge extra
- 100 g de tomates séchées au soleil
- 75 g d'olives noires dénoyautées
- 140 g de gruyère râpé
- Sel et poivre du moulin

Pour 4 personnes • Préparation : 20 min • Cuisson : 40 à 45 min • Difficulté : 1

1. Préchauffez le four à 190 °C (therm. 6-7) et beurrez un moule à cake. Coupez l'extrémité des asperges et pelez-les. Faites cuire les asperges de 3 à 5 minutes dans une casserole d'eau bouillante salée. Égouttez-les, puis hachez-les.

2. Réunissez la farine et le thym dans un saladier. Salez et poivrez. Creusez un puits au centre, versez-y les œufs, le lait et l'huile, puis incorporez le tout au mélange à l'aide d'une fourchette.

3. Hachez les tomates, puis ajoutez-les dans le saladier avec les asperges, les olives et les deux tiers du gruyère. Mélangez délicatement. Versez la préparation dans le moule et parsemez du reste de gruyère.

4. Enfournez de 35 à 40 minutes. Coupez le cake en tranches, puis servez chaud ou à température ambiante.

Mijoté d'AUBERGINES

Pour 6 à 8 personnes • Préparation : 30 min • Cuisson : 35 à 40 min • Difficulté : 2

- 1,5 kg d'aubergines
- 1 kg de tomates
- 8 gousses d'ail
- 4 cuill. à soupe d'huile d'olive vierge extra
- 1 feuille de laurier
- 1 cuill. à café de sucre en poudre
- 12 cl de lait
- Sel et poivre du moulin

1. Coupez les aubergines en dés. Pelez les tomates, épépinez-les et concassez-les. Pelez l'ail et hachez-le. Mettez l'huile à chauffer dans une poêle, puis faites revenir les aubergines jusqu'à ce qu'elles soient fondantes. Égouttez-les en réservant l'huile.
2. Mettez à chauffer l'huile réservée dans une casserole et faites revenir les tomates avec le laurier jusqu'à ce qu'elles soient tendres. Incorporez l'ail et le sucre à la préparation, puis laissez frémir de 5 à 8 minutes. Ôtez du feu et ajoutez le lait. Salez.
3. Hachez les aubergines dans le bol d'un robot, puis ajoutez-les dans la casserole. Poivrez et laissez mijoter de 15 à 20 minutes à feu doux.

Caponata au RIZ

Pour 6 à 8 personnes • Préparation : 25 min • Cuisson : 35 à 40 min • Difficulté : 2

- 2 aubergines
- 1 petit oignon
- 1 poire
- 4 tomates
- 2 branches de céleri
- 1 cuill. à soupe de câpres au sel
- 3 cuill. à soupe d'huile d'olive vierge extra
- 100 g d'olives noires
- 1 cuill. à soupe de sucre en poudre
- 4 cuill. à soupe d'eau
- 2 cuill. à soupe de vinaigre
- 300 g de riz
- 1 cuill. à soupe de basilic ciselé
- Sel et poivre du moulin

1. Coupez les aubergines en dés. Pelez l'oignon et la poire, puis hachez-les. Concassez les tomates, hachez le céleri et rincez les câpres.
2. Mettez à chauffer un tiers de l'huile dans une poêle, puis faites revenir les aubergines et l'oignon de 8 à 10 minutes. Ajoutez la poire, les tomates, le céleri, les olives, les câpres, le sucre et assaisonnez. Mouillez avec l'eau et le vinaigre, puis laissez mijoter 15 minutes.
3. Faites cuire le riz de 12 à 15 minutes dans une casserole d'eau bouillante salée, puis égouttez-le. Arrosez-le du reste d'huile et parsemez-le de basilic. Servez-le avec la caponata.

Chili aux HARICOTS NOIRS

Pour 6 personnes • Préparation : 20 min • Cuisson : 25 à 30 min • Difficulté : 1

- 1 petit oignon
- 2 gousses d'ail
- 2 carottes
- 2 courgettes (environ 500 g)
- 1 cuill. à soupe d'huile d'olive vierge extra
- 1 cuill. à soupe de piment en poudre
- 1 cuill. à café de cumin en poudre
- 800 g de haricots noirs en conserve
- 300 g de maïs en conserve
- 800 g de tomates concassées en conserve
- 25 cl d'eau
- Sel et poivre du moulin

Pour servir
- Brins de coriandre
- Crème aigre ou crème fraîche additionnée de quelques gouttes de jus de citron

1. Pelez l'oignon et l'ail, puis hachez-les. Épluchez les carottes et coupez-les avec les courgettes en fines rondelles. Mettez l'huile à chauffer dans une casserole, puis faites revenir l'oignon et l'ail 3 ou 4 minutes. Ajoutez les carottes, les courgettes, le piment, le cumin et assaisonnez. Laissez frémir 10 minutes en remuant.
2. Rincez les haricots et le maïs, égouttez-les, puis incorporez-les à la préparation avec les tomates et l'eau. Faites cuire de 8 à 10 minutes, puis servez accompagné de coriandre et de crème aigre.

Chou-fleur aux TOMATES

Pour 4 personnes • Préparation : 25 min • Cuisson : 30 min • Difficulté : 1

- 4 gousses d'ail
- 1 kg de tomates
- 4 cuill. à soupe d'huile d'olive vierge extra
- 1 cuill. à café de graines de fenouil
- 1 cuill. à soupe de persil ciselé
- 1 chou-fleur
- Sel et poivre du moulin

1. Pelez l'ail et hachez-le. Épluchez et concassez les tomates. Mettez l'huile à chauffer dans une poêle, puis faites revenir l'ail, les graines de fenouil et le persil 3 ou 4 minutes. Incorporez les tomates et laissez réduire 15 minutes.
2. Détaillez le chou-fleur en fleurettes, puis ajoutez-les à la sauce tomate. Salez et poivrez. Couvrez et laissez mijoter 10 minutes à feu doux.

Ragoût de LÉGUMES MÉDITERRANÉENS

- 2 pommes de terre
- 1 gros oignon
- 1 poivron rouge
- 1 poivron vert
- 1 aubergine
- 1 grosse courgette
- 4 cuill. à soupe d'huile d'olive vierge extra
- 1 kg de tomates
- 4 cuill. à soupe d'eau (facultatif)
- Sel et poivre du moulin

Pour servir
- Basilic ciselé
- Semoule cuite (facultatif)

Pour 4 personnes • Préparation : 20 min • Cuisson : 25 à 30 min • Difficulté : 1

1. Épluchez les pommes de terre et coupez-les en dés. Pelez l'oignon et hachez-le. Épépinez les poivrons et détaillez-les en petits morceaux avec l'aubergine et la courgette. Mettez l'huile à chauffer dans une poêle et faites revenir les pommes de terre 4 ou 5 minutes. Ajoutez l'oignon et les poivrons. Prolongez la cuisson de 5 minutes. Incorporez l'aubergine et la courgette à la préparation, puis laissez frémir 5 minutes.

2. Concassez les tomates et ajoutez-les dans la poêle. Salez et poivrez, puis laissez mijoter jusqu'à ce que les légumes soient tendres, en ajoutant l'eau si la préparation commence à accrocher.

3. Parsemez de basilic et servez accompagné de semoule, si vous le souhaitez.

Ragoût toscan aux HARICOTS CANNELLINI

- 300 g de haricots blancs cannellini secs (dans les épiceries italiennes)
- 1 kg de tomates bien mûres
- 6 gousses d'ail
- 1 feuille de laurier
- 1 ou 2 piments
- 1 l d'eau
- 4 cuill. à soupe d'huile d'olive vierge extra
- Sel et poivre du moulin

Pour 4 à 6 personnes • Préparation : 20 min • Trempage : 12h • Cuisson : 1h • Difficulté : 1

1. La veille, mettez les haricots à tremper dans l'eau.

2. Le jour même, égouttez les haricots. Faites blanchir les tomates 1 minute dans une casserole d'eau bouillante salée, puis égouttez-les. Pelez-les, épépinez-les et concassez-les. Pelez les gousses d'ail et écrasez-les légèrement en les gardant entières.

3. Réunissez les haricots, les tomates, l'ail, le laurier et le piment dans une casserole. Ajoutez suffisamment d'eau pour immerger le tout, puis portez à ébullition. Couvrez et laissez mijoter 1 heure à feu doux. Salez à mi-cuisson.

4. Retirez l'ail de la casserole. Arrosez d'huile, poivrez et servez.

À déguster en plat principal à 4, ou à 8 personnes en entrée. Choisissez de belles tomates de taille égale.

Tomates farcies au RISOTTO

› 8 tomates
› 75 g de beurre
› 1 cuill. à soupe d'oignon haché
› 200 g de riz italien pour risotto (de type arborio)
› 50 cl de bouillon de légumes bouillant
› 60 g de parmesan râpé
› 2 gros œufs battus
› 300 g de chapelure fine
› Sel et poivre du moulin

Pour 4 à 8 personnes • Préparation : 30 min • Cuisson : 1h • Difficulté : 3

1. Préchauffez le four à 200 °C (therm. 6-7) et beurrez un moule peu profond allant au four, juste assez grand pour contenir les tomates.

2. Découpez le haut des tomates en formant des «couvercles» de 1 cm d'épaisseur et réservez-les. Évidez les tomates. Mettez à chauffer 30 g de beurre dans une poêle et faites revenir l'oignon 2 ou 3 minutes. Ajoutez le riz et laissez cuire 2 minutes en remuant constamment.

3. Commencez à incorporer le bouillon à la préparation, 10 cl par 10 cl, en attendant qu'il ait été absorbé avant d'en ajouter. Laissez cuire 20 minutes en remuant régulièrement. Incorporez le parmesan, salez et poivrez.

4. Farcissez les tomates de risotto, puis couvrez chacune de son couvercle. Trempez la partie inférieure des tomates dans l'œuf, puis enrobez-la de chapelure.

5. Répartissez les tomates dans le plat, puis déposez un petit morceau de beurre sur chacune d'elles. Enfournez pour 25 à 30 minutes, puis servez chaud ou à température ambiante.

Gratin de POIS CHICHES

- 2 oignons
- 3 carottes
- 1 kg de patates douces
- 400 g de pois chiches en conserve
- 2 cuill. à soupe d'huile d'olive vierge extra
- 2 cuill. à soupe de thym ciselé
- 20 cl de vin rouge
- 15 cl d'eau
- 400 g de tomates en conserve, avec le jus
- 2 cubes de bouillon émiettés
- 30 g de beurre
- 80 g de cheddar râpé
- Sel et poivre du moulin

Pour 4 personnes • Préparation : 30 min • Cuisson : 45 à 50 min • Difficulté : 1

1. Préchauffez le four à 190 °C (therm. 6-7). Pelez les oignons et émincez-les. Épluchez les carottes et les patates douces, puis coupez-les en dés. Rincez les pois chiches, égouttez-les et écrasez-les grossièrement dans un bol à l'aide d'une fourchette.

2. Mettez l'huile à chauffer dans une poêle, puis faites dorer les oignons. Ajoutez les carottes, la quasi-totalité du thym, le vin, l'eau, les tomates et les cubes de bouillon, puis laissez mijoter 10 minutes. Incorporez les pois chiches, couvrez et prolongez la cuisson de 10 minutes.

3. Pendant ce temps, faites cuire les patates douces 15 minutes dans de l'eau bouillante. Égouttez-les, puis écrasez-les avec le beurre dans un saladier. Salez et poivrez. Répartissez la préparation à base de pois chiches dans un plat à gratin, ajoutez la purée de patate douce, puis parsemez de cheddar et du reste de thym. Enfournez pour 20 minutes. Laissez reposer 5 minutes, puis servez.

Lasagnes ÉPINARDS & RICOTTA

- 3 gousses d'ail
- 1 kg d'assortiment de champignons des bois
- 180 g de beurre
- 2 kg d'épinards cuits à la vapeur et hachés
- 500 g de ricotta
- 18 cl de xérès
- 8 cuill. à soupe de persil ciselé
- 1 l de lait
- 75 g de farine
- 1/2 cuill. à café de noix de muscade râpée
- 120 g de parmesan râpé
- 500 g de feuilles de lasagnes fraîches
- Sel et poivre du moulin

Pour 8 à 10 personnes • Préparation : 45 min • Cuisson : 1 h 30 • Repos : 15 min • Difficulté : 2

1. Pelez l'ail, puis émincez-le. Nettoyez les champignons et détaillez-les en petits morceaux. Mettez à chauffer 15 g de beurre dans une poêle et faites revenir l'ail 2 ou 3 minutes. Ajoutez les épinards et laissez cuire 1 ou 2 minutes, puis mettez-les dans un saladier avec la ricotta et assaisonnez.

2. Mettez à chauffer 45 g de beurre dans une poêle. Ajoutez les champignons, salez, poivrez et faites-les revenir jusqu'à ce qu'ils soient fondants. Versez le xérès et laissez réduire, puis transvasez le tout dans un autre saladier avec le persil.

3. Mettez le lait à chauffer dans une casserole. Faites fondre le beurre restant dans une autre casserole, ajoutez la farine et laissez cuire 1 minute en remuant constamment. Versez progressivement le lait chaud en continuant de remuer jusqu'à l'obtention d'un mélange épais. Ôtez du feu. Salez, poivrez, puis ajoutez la muscade et la moitié du parmesan.

4. Préchauffez le four à 180 °C (therm. 6). Répartissez 12 cl de sauce dans un plat allant au four. Couvrez de feuilles de lasagnes, puis ajoutez 25 cl de la préparation aux épinards, 25 cl de celle aux champignons et 12 cl de sauce. Répétez l'opération en terminant par une épaisseur de lasagnes. Garnissez de la sauce et du parmesan restant. Enfournez pour 1 heure. Laissez reposer 15 minutes, puis servez.

Frittata aux COURGETTES

Pour 4 personnes • Préparation : 20 min • Cuisson : 30 min • Difficulté : 1

- 2 gousses d'ail
- 2 courgettes
- 1 brin de thym
- 60 g de beurre
- 350 g de champignons de Paris
- 8 œufs battus
- 40 g de parmesan râpé
- 3 cuill. à soupe de lait
- 2 cuill. à café de graines de sésame
- Sel et poivre du moulin

1. Pelez l'ail et écrasez légèrement les gousses entières. Émincez les courgettes en rondelles. Ciselez le thym. Mettez à chauffer la moitié du beurre dans une poêle, puis faites revenir l'ail et les champignons 10 minutes.
2. Retirez l'ail et ajoutez les courgettes avec le thym. Salez et poivrez. Laissez cuire 10 minutes.
3. Battez légèrement les œufs avec le parmesan et le lait dans un saladier. Salez et poivrez. Versez le mélange dans la poêle et laissez cuire 4 ou 5 minutes. Parsemez de sésame.
4. Retournez la frittata et prolongez la cuisson de 4 minutes jusqu'à ce qu'elle soit ferme et légèrement dorée des deux côtés. Servez aussitôt.

Poivrons FARCIS

Pour 3 à 6 personnes • Préparation : 30 min • Cuisson : 55 à 60 min • Difficulté : 2

- 2 oignons
- 60 g de beurre
- 200 g de riz
- 2 cuill. à soupe de graines de potiron et de tournesol
- 2 cuill. à soupe de raisins secs
- 25 cl d'eau
- 3 cuill. à soupe de persil ciselé
- 2 cuill. à soupe d'aneth ciselé
- 6 poivrons
- 1 cuill. à soupe de sauce tomate
- 1 cuill. à soupe de paprika
- 25 cl de bouillon de légumes
- Sel et poivre du moulin

Pour servir
- Aneth ciselé

1. Pelez et hachez les oignons. Mettez le beurre à chauffer dans une casserole à feu doux et faites revenir les oignons de 10 à 15 minutes. Ajoutez le riz, les graines, les raisins secs et l'eau. Portez à ébullition, puis laissez frémir 10 minutes. Salez et poivrez. Ajoutez le persil et l'aneth, puis réservez.
2. Préchauffez le four à 180 °C (therm. 6) et huilez un plat allant au four. Retirez le haut des poivrons, épépinez-les, puis farcissez-les de la préparation et répartissez-les dans le plat. Mélangez la sauce tomate et le paprika avec le bouillon, puis arrosez-en les poivrons. Enfournez pour 30 minutes. Parsemez d'aneth et servez.

Gratin de PATATES DOUCES

Pour 4 personnes • Préparation : 25 min • Cuisson : 50 min à 1h • Repos : 10 min • Difficulté : 1

- 1 kg de patates douces
- 500 g de pommes de terre
- 120 g de beurre + 2 cuill. à soupe de beurre fondu
- 2 cuill. à soupe de sauge ciselée
- 35 cl de lait tiède
- 3 tranches de pain blanc, sans la croûte
- Sel et poivre du moulin

1. Pelez les patates douces et les pommes de terre, puis coupez-les en dés. Faites-les cuire 10 minutes dans de l'eau salée. Égouttez-les et écrasez-les.
2. Préchauffez le four à 190 °C (therm. 6-7). Faites dorer 120 g de beurre de 5 à 7 minutes dans une petite casserole. Ôtez du feu, ajoutez les trois quarts de la sauge, puis incorporez le mélange à la purée de pommes de terre et de patates douces avec le lait. Salez et poivrez. Transvasez la préparation dans un plat à gratin.
3. Émiettez le pain, puis mélangez-le avec les 2 cuillerées à soupe de beurre fondu et la sauge restante. Assaisonnez, puis parsemez-en le plat. Enfournez de 30 à 40 minutes. Laissez reposer 10 minutes, puis servez.

Gratin de LÉGUMES ÉPICÉ

Pour 4 personnes • Préparation : 25 min • Cuisson : 30 min • Difficulté : 1

- 2 gousses d'ail
- 1 oignon
- 250 g de brocoli
- 100 g de chou vert
- 60 g de beurre
- 1 cuill. à soupe de gingembre râpé
- 1 cuill. à soupe de curry en poudre
- 80 g de lentilles rouges
- 125 g de pois chiches en conserve
- 2 grosses carottes
- 250 g de pommes de terre
- 50 cl d'eau
- 180 g de millet cuit
- Sel et poivre du moulin

1. Préchauffez le four à 180 °C (therm. 6) et huilez un plat allant au four. Pelez l'ail et l'oignon, puis hachez-les avec le brocoli et le chou. Mettez à chauffer un quart du beurre dans une poêle et faites revenir l'oignon 3 minutes. Ajoutez le chou, l'ail, le gingembre et le curry, puis laissez frémir 5 minutes.
2. Rincez, puis égouttez les lentilles et les pois chiches. Pelez les carottes et les pommes de terre, coupez-les en dés. Mettez ces légumes dans la poêle avec l'eau, portez à ébullition et laissez mijoter 20 minutes.
3. Ajoutez le brocoli. Assaisonnez et transvasez dans le plat. Garnissez de millet et du beurre restant, puis enfournez pour 30 minutes.

Ce plat peut être préparé à l'avance et conservé au réfrigérateur jusqu'au moment de la cuisson.

Gratin de HARICOTS VERTS

- 1 oignon
- 1 poivron rouge
- 500 g de petits champignons de Paris
- 750 g de haricots verts
- 90 g de beurre
- 6 cuill. à soupe de farine
- 50 cl de lait
- 1 pincée de piment de Cayenne
- 1 pincée de noix de muscade râpée
- 120 g de parmesan râpé
- 30 g de chapelure fine
- 4 échalotes
- 4 cuill. à soupe d'huile d'olive vierge extra
- Sel et poivre du moulin

Pour 6 personnes • Préparation : 30 min • Cuisson : 40 à 45 min • Difficulté : 1

1. Pelez l'oignon, épépinez le poivron et coupez-les en dés. Ôtez les pieds des champignons, puis tranchez les chapeaux en quatre. Équeutez les haricots verts et détaillez-les en petits tronçons. Mettez à chauffer un tiers du beurre dans une poêle et faites revenir l'oignon 3 ou 4 minutes. Ajoutez le poivron et les champignons, puis prolongez la cuisson de 8 à 10 minutes. Relevez de 1 cuillerée à café de sel et de 1 pincée de poivre. Ôtez du feu et laissez refroidir.

2. Faites cuire les haricots verts 4 ou 5 minutes dans une casserole d'eau bouillante. Égouttez-les et laissez-les refroidir légèrement. Incorporez-les à la préparation à base de champignons et réservez. Faites fondre le beurre restant dans une casserole, puis ajoutez les deux tiers de la farine en remuant constamment jusqu'à ce que le mélange commence à dorer. Incorporez-y le lait et fouettez pendant 3 ou 4 minutes. Ajoutez le piment de Cayenne, la muscade et assaisonnez. Versez le tout dans la poêle et mélangez.

3. Préchauffez le four à 190 °C (therm. 6-7) et beurrez un plat à gratin. Répartissez la moitié de la préparation dans le plat et parsemez de la moitié du parmesan. Ajoutez le reste de la préparation et du parmesan, puis garnissez de chapelure. Couvrez d'une feuille d'aluminium. Enfournez pour 15 à 20 minutes.

4. Pendant ce temps, pelez les échalotes, puis émincez-les sous forme d'anneaux. Mettez l'huile à chauffer dans une poêle. Enrobez les échalotes de la farine restante, puis faites-les revenir jusqu'à ce qu'elles soient dorées. Sortez le plat du four, parsemez d'échalotes et servez.

Gratin de CHOUX-FLEURS

- 2 endives
- 2 gros choux-fleurs
- 150 g de semoule épaisse
- 60 g de beurre
- 40 g de farine
- 75 cl de lait
- 2 cuill. à soupe de marjolaine ciselée
- 1 cuill. à café de sel
- 1 pincée de poivre
- 1 pincée de noix de muscade râpée
- 1/2 pincée de piment de Cayenne
- 350 g de gruyère râpé
- 40 g de chapelure
- 50 g de parmesan râpé

Pour 6 à 8 personnes • Préparation : 15 min • Cuisson : 1h15 • Difficulté : 1

1. **Préchauffez** le four à 200 °C (therm. 6-7) et beurrez un plat à gratin. Coupez les endives en six dans la longueur et détaillez les choux-fleurs en fleurettes. Répartissez les endives dans le plat, garnissez-les de semoule, puis couvrez de choux-fleurs.

2. **Faites chauffer** le beurre dans une casserole, puis ajoutez la farine en fouettant. Réduisez le feu et continuez de battre pendant 2 minutes à feu doux. Incorporez le lait au mélange et laissez frémir en remuant constamment jusqu'à ce que la sauce ait épaissi. Ôtez du feu. Ajoutez la marjolaine, le sel, le poivre, la muscade, le piment de Cayenne, le gruyère et mélangez jusqu'à l'obtention d'une préparation lisse. Versez-la dans le plat, puis parsemez le tout de chapelure.

3. **Enfournez** pour 30 minutes. Garnissez de parmesan, puis réduisez la température à 180 °C (therm. 6) et prolongez la cuisson de 40 minutes. Servez sans attendre.

Parmigiana d'AUBERGINES

- 2 grosses aubergines
- 350 g de mozzarella
- 2 gros œufs
- 2 cuill. à soupe d'eau
- 120 g de chapelure fine
- 120 g de parmesan râpé
- 1 cuill. à café d'origan séché
- 1/2 cuill. à café de basilic séché
- 1,5 l de sauce tomate avec des morceaux
- Sel et poivre du moulin

Pour 4 à 6 personnes • Préparation : 45 min • Cuisson : 1h à 1h15 • Repos : 5 min • Difficulté : 2

1. Préchauffez le four à 190 °C (therm. 6-7) et huilez deux plaques de cuisson. Pelez les aubergines et émincez-les en rondelles de 1 cm d'épaisseur. Hachez la mozzarella. Battez les œufs avec l'eau dans un bol. Dans un autre bol, mélangez la chapelure, 100 g de parmesan, l'origan et le basilic, puis assaisonnez.

2. Trempez les rondelles d'aubergine dans l'œuf battu, puis enrobez-les du mélange à base de chapelure. Répartissez-les sur les plaques et enfournez pour 40 à 50 minutes en les retournant à mi-cuisson. Retirez-les du four et augmentez la température à 200 °C (therm. 6-7).

3. Versez 50 cl de sauce tomate dans un plat allant au four. Mettez-y la moitié des aubergines, nappez de 50 cl de sauce, puis couvrez d'un peu de mozzarella. Répétez l'opération, puis garnissez le tout du parmesan restant. Enfournez pour 20 à 25 minutes. Laissez reposer 5 minutes, puis servez.

Desserts

Tarte aux FRAMBOISES

- 250 g de fromage frais allégé
- 50 g de sucre en poudre
- 750 g de framboises
- 75 g de gelée de groseilles

Pour la pâte
- 120 g de beurre
- 180 g de farine
- 70 g de sucre en poudre
- 1 pincée de sel

Pour 6 personnes • Préparation : 30 min • Congélation : 15 min • Cuisson : 25 à 30 min • Repos : 30 min • Réfrigération : 1 à 6 h • Difficulté : 2

1. Préparez la pâte. Préchauffez le four à 180 °C (therm. 6). Coupez le beurre en dés. Réunissez la farine, le beurre, le sucre et le sel dans le bol d'un robot, puis mixez jusqu'à l'obtention d'une pâte friable. Pressez-la dans un moule à tarte à fond amovible de 23 cm de diamètre en tapissant les bords, puis réservez 15 minutes au congélateur. Piquez la pâte avec une fourchette et enfournez pour 25 à 30 minutes. Laissez-la refroidir dans le moule.

2. Fouettez le fromage frais avec le sucre dans un saladier jusqu'à l'obtention d'un mélange lisse, puis répartissez-le sur le fond de tarte. Disposez les framboises par-dessus en cercles concentriques bien serrés.

3. Faites chauffer la gelée dans une casserole à feu doux jusqu'à ce qu'elle soit liquide, puis badigeonnez-en les framboises. Laissez reposer 30 minutes. Réservez au réfrigérateur de 1 à 6 heures, puis démoulez et servez.

Si cette recette vous plaît, vous aimerez aussi…

Salade de FRUITS VIOLETS

Fraises CHOCOLAT & AMANDES

FRAISIER

Salade de PRUNES, RAISIN & FRUITS ROUGES

- 4 cuill. à soupe de jus de citron vert
- 3 cuill. à soupe de sucre roux
- 3 prunes violettes ou rouges
- 300 g de raisin noir, sans les pépins
- 150 g de mûres
- 150 g de myrtilles
- 2 cuill. à soupe de menthe ciselée

Pour servir (facultatif)
- Feuilles de menthe
- Yaourt à la grecque

Pour 4 à 6 personnes • Préparation : 15 min • Réfrigération : 2h • Difficulté : 1

1. Fouettez le jus de citron avec le sucre dans un bol jusqu'à ce que le sucre soit dissous. Coupez les prunes en deux, dénoyautez-les et coupez-les en morceaux. Mettez-les dans un saladier avec le raisin, les mûres, les myrtilles et la menthe. Arrosez le tout de sirop, mélangez, puis réservez au moins 2 heures au réfrigérateur.

2. Répartissez les fruits dans des coupes ou des verrines. Garnissez de menthe et de cuillerées à soupe de yaourt, si vous le souhaitez, puis servez.

Fraises CHOCOLAT & AMANDES

- 250 g de chocolat noir
- 500 g de grosses fraises (environ 20) non équeutées
- 70 g d'amandes émondées

Pour 4 à 6 personnes • Préparation : 15 min • Cuisson : 5 min • Réfrigération : 15 min • Difficulté : 1

1. Tapissez une plaque de cuisson de papier sulfurisé. Hachez les amandes. Cassez le chocolat en morceaux et faites-le fondre au bain-marie. Ôtez du feu.

2. Plongez les fraises dans le chocolat fondu, une par une, en les tournant pour bien les enrober, puis saupoudrez-les d'amandes. Répartissez les fraises sur la plaque de cuisson et réservez-les au moins 15 minutes au réfrigérateur.

Cette tarte aux pommes extrêmement facile à préparer se déguste chaude, accompagnée de glace à la vanille.

Tarte aux POMMES SANS MOULE

- 40 g d'amandes entières non émondées, grillées
- 2 cuill. à soupe de fécule de maïs
- 1 cuill. à café de cannelle en poudre
- 3 pommes à cuire
- 2 cuill. à soupe de jus de citron
- 4 cuill. à soupe de cassonade

Pour la pâte
- 250 g de beurre
- 300 g de farine
- 75 g de farine complète
- 5 cuill. à soupe de sucre en poudre
- 1 cuill. à café de sel
- 12 cl d'eau glacée

Pour servir
- Glace à la vanille

Pour 6 à 8 personnes • Préparation : 20 min • Réfrigération : 1 h 20 • Cuisson : 1 h • Difficulté : 1

1. Préparez la pâte. Coupez le beurre en dés. Réunissez-le avec les deux farines, 1 cuillerée à soupe de sucre et le sel dans le bol d'un robot, puis mixez jusqu'à l'obtention d'un mélange très friable. Arrosez de la moitié de l'eau, puis mixez de nouveau pour obtenir une pâte friable qui s'agrège quand on la presse (si elle est trop sèche, ajoutez encore un peu d'eau, cuillerée par cuillerée). Façonnez une boule de pâte, enveloppez-la de film alimentaire et réservez 1 heure au réfrigérateur.

2. Nettoyez le bol du robot et essuyez-le, puis mettez-y les amandes, le reste du sucre, la fécule et la cannelle. Mixez jusqu'à l'obtention d'une texture grossière. Pelez, puis coupez les pommes en deux, épépinez-les et détaillez-les en fines tranches.

3. Préchauffez le four à 180 °C (therm. 6) et tapissez une plaque de cuisson de papier sulfurisé. Étalez la pâte à une épaisseur de 5 mm sur le plan de travail légèrement fariné, puis déposez-la sur la plaque de cuisson. Parsemez-la de la préparation à base d'amandes. Répartissez les tranches de pomme sur le tout en pressant légèrement et en laissant un espace de 5 cm sur le pourtour. Rabattez les bords sur la garniture, puis arrosez de jus de citron et saupoudrez de cassonade. Réservez 20 minutes au réfrigérateur.

4. Enfournez pour 1 heure. Servez chaud, accompagné de glace à la vanille.

Crumble à la RHUBARBE

- 800 g de rhubarbe
- 200 g de sucre en poudre
- 2 cuill. à soupe de fécule de maïs
- 1 pincée de sel

Pour la pâte
- 120 g de beurre
- 150 g de farine
- 100 g de sucre blond
- 3 cuill. à soupe de sucre en poudre
- 1 pincée de sel

Pour servir (facultatif)
- Crème fraîche ou glace

Pour 4 à 6 personnes • Préparation : 30 min • Réfrigération : 15 min • Cuisson : 1 h 30 • Difficulté : 1

1. Beurrez un moule à tarte de 23 cm de diamètre. Pelez la rhubarbe et coupez-la en morceaux. Mélangez-la avec le sucre, la fécule et le sel dans un saladier, puis transvasez le tout dans le moule.

2. Préparez la pâte. Coupez le beurre en dés. Mélangez la farine, les deux sucres et le sel dans un bol, puis incorporez le beurre du bout des doigts pour former de gros grumeaux. Réservez 15 minutes au réfrigérateur.

3. Préchauffez le four à 180 °C (therm. 6). Répartissez la pâte sur la préparation à base de rhubarbe. puis enfournez pour 1 heure 30. Servez chaud, accompagné de crème fraîche ou de glace, si vous le souhaitez.

Gratin de MÛRES

- 750 g de mûres
- 150 g de sucre en poudre
- 2 cuill. à soupe de fécule de maïs
- 1 pincée de sel
- 4 cuill. à soupe de crème fraîche
- Cassonade

Pour la pâte
- 300 g de farine
- 2 cuill. à café de levure chimique
- 70 g de sucre roux
- 1 pincée de sel
- 120 g de beurre
- 25 cl de crème fraîche épaisse

Pour 6 à 8 personnes • Préparation : 15 min • Cuisson : 1h • Repos : 30 min • Difficulté : 1

1. Réunissez les mûres, le sucre, la fécule et le sel dans un saladier, puis transvasez le tout dans un plat à gratin de 25 x 30 cm.

2. Préparez la pâte. Réunissez la farine, la levure, le sucre et le sel dans un saladier, puis incorporez le beurre du bout des doigts pour former des grumeaux de la taille de petits pois. Ajoutez la crème fraîche et mélangez à l'aide d'une fourchette jusqu'à ce qu'elle soit absorbée.

3. Préchauffez le four à 190 °C (therm. 6-7). Déposez la pâte sur le plan de travail et pétrissez-la à une ou deux reprises. Étalez-la à une épaisseur d'environ 2,5 cm, découpez-la en 9 rectangles, puis couvrez-en la préparation à base de mûres. Badigeonnez l'ensemble de crème fraîche et saupoudrez de cassonade. Enfournez pour 1 heure. Laissez reposer 30 minutes, puis servez tiède.

Desserts

Cookies aux PIGNONS DE PIN

Pour 50 à 60 cookies • Préparation : 15 min • Cuisson : 15 à 20 min • Difficulté : 1

- 250 g de pignons de pin
- 150 g de sucre glace
- 40 g de pâte d'amande
- 1 cuill. à café d'extrait de vanille
- 1 gros œuf
- 75 g de farine
- 1 pincée de levure chimique
- 1 pincée de sel

1. Réunissez la moitié des pignons avec le sucre glace, la pâte d'amande et la vanille dans le bol d'un robot, puis mixez jusqu'à l'obtention d'une chapelure fine. Ajoutez l'œuf et mixez de nouveau pour amalgamer le tout. Incorporez la farine, la levure et le sel, puis mixez jusqu'à l'obtention d'une pâte homogène.
2. Préchauffez le four à 180 °C (therm. 6) et tapissez trois plaques de cuisson de papier sulfurisé. Façonnez des boulettes de pâte de la taille d'une noix, puis enrobez-les des pignons restants en appuyant délicatement pour les faire adhérer. Répartissez-les sur les plaques en les espaçant de 3 cm.
3. Enfournez pour 15 à 20 minutes. Laissez refroidir entièrement les cookies sur les plaques posées sur des grilles.

Muffins aux FRAMBOISES

Pour 12 muffins • Préparation : 15 min • Cuisson : 15 à 20 min • Difficulté : 1

- 150 g de farine
- 1½ cuill. à café de levure chimique
- 1/2 cuill. à café de bicarbonate de soude (en pharmacie)
- 1 cuill. à café de cannelle en poudre
- 150 g de yaourt nature allégé
- 100 g de sucre blond
- 1 gros œuf
- 2 cuill. à soupe d'huile de tournesol
- 1 cuill. à café d'extrait de vanille
- 150 g de framboises
- 4 cuill. à soupe de cassonade

1. Préchauffez le four à 200 °C (therm. 6-7) et tapissez les alvéoles d'un moule à muffins de douze caissettes en papier. Mélangez la farine, la levure, le bicarbonate et la cannelle dans un saladier. Fouettez le yaourt avec le sucre, l'œuf, l'huile et la vanille dans un autre saladier, puis incorporez le tout aux ingrédients secs en remuant rapidement pour juste amalgamer l'ensemble. Ajoutez les framboises. Versez la pâte dans les caissettes, puis saupoudrez de cassonade.
2. Enfournez pour 15 à 20 minutes. Démoulez les muffins et laissez-les refroidir sur une grille. Servez tiède.

Muffins aux CAROTTES

Pour 12 muffins • Préparation : 20 min • Cuisson : 20 à 25 min • Difficulté : 1

- 200 g de carottes
- 120 g de beurre salé
- 300 g de farine
- 75 g de farine complète
- 1 cuill. à soupe de levure chimique
- 150 g de sucre roux
- 2 gros œufs battus
- 12 cl de lait
- 4 cuill. à soupe de jus de citron

Pour la crème au citron
- 250 g de fromage frais
- 150 g de sucre glace
- 1 cuill. à soupe de zeste de citron non traité râpé
- Cerneaux de noix

1. Préchauffez le four à 180 °C (therm. 6) et tapissez les alvéoles d'un moule à muffins de douze caissettes en papier. Pelez et râpez finement les carottes. Faites fondre le beurre au bain-marie. Dans un saladier, mélangez les deux farines, la levure et le sucre, puis incorporez-leur le beurre, les œufs, les carottes, le lait et le jus de citron. Versez la préparation dans les caissettes et enfournez pour 20 à 25 minutes. Laissez refroidir sur une grille.
2. Préparez la crème au citron. Fouettez le fromage frais avec le sucre glace et le zeste de citron dans un saladier jusqu'à l'obtention d'un mélange crémeux. Garnissez-en les muffins, puis décorez de noix.

Cookies NOIX & FRUITS SÉCHÉS

Pour 35 à 40 cookies • Préparation : 30 min • Cuisson : 12 à 15 min • Difficulté : 2

- 330 g de farine
- 1 cuill. à café de bicarbonate de soude (en pharmacie)
- 1 cuill. à café de sel
- 250 g de beurre ramolli
- 200 g de sucre roux
- 100 g de sucre en poudre
- 2 gros œufs
- 1 cuill. à café d'extrait de vanille
- 150 g de noix de coco en poudre
- 120 g d'abricots séchés hachés
- 120 g de dattes hachées
- 180 g de noix de pécan hachées
- 180 g de pistaches hachées

1. Tamisez la farine, le bicarbonate et le sel au-dessus d'un saladier. Fouettez le beurre avec les deux sucres dans un autre saladier jusqu'à l'obtention d'un mélange crémeux, puis incorporez-y les œufs un par un en battant. Ajoutez le reste des ingrédients en remuant rapidement pour juste amalgamer l'ensemble.
2. Préchauffez le four à 180 °C (therm. 6). Tapissez trois plaques de cuisson de papier sulfurisé, puis déposez-y des monticules de 2 cuillerées à soupe de pâte en les espaçant et en les aplatissant légèrement. Enfournez pour 12 à 15 minutes. Laissez refroidir sur des grilles.

Accompagné d'une brioche et d'un peu de crème fraîche, ce gâteau est un classique des petits déjeuners siciliens. Dégustez-le aussi de bon matin, ou encore en dessert ou au goûter.

Gâteau aux CAROTTES DES GRANDS JOURS

- 500 g de carottes
- 375 g de farine
- 1 cuill. à café de levure chimique
- 1 cuill. à café de bicarbonate de soude (en pharmacie)
- 1 cuill. à café de cannelle en poudre
- 1/2 cuill. à café de sel
- 1/2 cuill. à café de gingembre en poudre
- 1 pincée de noix de muscade râpée
- 370 g de beurre ramolli
- 200 g de sucre blond
- 100 g de sucre en poudre
- 3 gros œufs
- 2 cuill. à café d'extrait de vanille
- 12 cl d'eau
- 120 g de noix de pécan
- 150 g de graines de potiron

Pour le glaçage
- 250 g de beurre ramolli
- 500 g de fromage frais
- 2 cuill. à café d'extrait de vanille
- 1 kg de sucre glace

Pour 10 à 12 personnes • Préparation : 45 min • Cuisson : 30 min • Repos : 15 min • Réfrigération : 1h • Difficulté : 2

1. Préchauffez le four à 180 °C (therm. 6). Beurrez trois moules de 23 cm de diamètre, puis tapissez-les de papier sulfurisé. Pelez les carottes et râpez-les. Hachez les noix de pécan. Tamisez la farine, la levure, le bicarbonate, la cannelle, le sel, le gingembre et la muscade au-dessus d'un saladier.

2. Fouettez le beurre avec les deux sucres jusqu'à l'obtention d'un mélange crémeux, puis incorporez-y les œufs un par un en battant rapidement pour juste amalgamer l'ensemble. Ajoutez la vanille, l'eau et les carottes en continuant de battre pour obtenir un mélange homogène. Ajoutez progressivement les ingrédients secs et les noix de pécan.

3. Répartissez uniformément la pâte dans les moules, puis enfournez pour 30 minutes. Laissez refroidir les gâteaux pendant 15 minutes dans les moules posés sur des grilles, puis démoulez-les et laissez-les complètement refroidir.

4. Préparez le glaçage. Coupez le beurre en dés. Fouettez-les avec le fromage frais et la vanille dans un saladier jusqu'à l'obtention d'un mélange clair et crémeux. Tamisez le sucre glace au-dessus du saladier et incorporez-le progressivement au mélange pour obtenir une préparation homogène.

5. Découpez le dessus de deux des gâteaux pour les aplanir. Déposez l'un d'eux sur une assiette, garnissez-le de 25 cl de glaçage, puis déposez le deuxième gâteau coupé par-dessus et couvrez-le à son tour de 25 cl de glaçage. Placez le gâteau restant sur le tout et nappez l'ensemble du reste du glaçage. Faites adhérer les graines de potiron aux flancs du gâteau en les pressant délicatement. Réservez 1 heure au réfrigérateur, puis servez.

Carrés NOIX DE PÉCAN & SIROP D'ÉRABLE

- 80 g de noix de pécan
- 40 g de gingembre confit
- 90 g de beurre ramolli
- 1 pincée de sel
- 3 cuill. à soupe de sucre blond
- 1 cuill. à café de sirop d'érable
- 40 g de sucre d'érable
- 2 cuill. à soupe de sirop de maïs
- 3 cuill. à soupe de crème fraîche épaisse

Pour la pâte
- 40 g de noix de pécan
- 180 g de farine
- 1/2 cuill. à café de sel
- 120 g de beurre ramolli
- 50 g de sucre blond
- 1 cuill. à café de sirop d'érable

Pour 4 à 6 personnes • Préparation : 30 min • Réfrigération : 30 min • Cuisson : 25 à 30 min • Difficulté : 2

1. Préchauffez le four à 180 °C (therm. 6). Beurrez un moule carré de 20 cm de côté et tapissez-le de papier sulfurisé en laissant dépasser 2 cm sur deux côtés. Réunissez toutes les noix de pécan dans une poêle, faites-les dorer à sec, puis hachez-les. Râpez le gingembre.

2. Préparez la pâte. Mélangez la farine, le sel et un tiers des noix de pécan dans un saladier. Fouettez le beurre avec le sucre dans un autre saladier jusqu'à l'obtention d'un mélange crémeux, puis incorporez-y les ingrédients secs et le sirop d'érable. Pressez la pâte dans le moule, puis réservez 30 minutes au réfrigérateur. Enfournez pour 20 à 25 minutes. Laissez légèrement refroidir le moule sur une grille.

3. Faites chauffer le beurre et les noix de pécan 2 ou 3 minutes dans une casserole en remuant constamment. Ajoutez tous les autres ingrédients et portez à ébullition en remuant pendant 2 minutes. Garnissez la pâte du mélange. Laissez complètement refroidir la préparation dans le moule, puis démoulez à l'aide du papier qui dépasse. Coupez en carrés et servez.

Barres NOIX & FRUITS SÉCHÉS

- 150 g de noix de pécan
- 60 g de noix de macadamia non salées
- 60 g de mangue séchée
- 60 g de cerises séchées
- 250 g de dattes dénoyautées
- 200 g de flocons d'avoine finement moulus
- 60 g de myrtilles séchées
- 2 cuill. à soupe de son d'avoine
- 3 cuill. à soupe de graines de lin moulues
- 2 cuill. à soupe de germes de blé
- 1/2 cuill. à café de sel
- 1/2 cuill. à café de cannelle en poudre
- 3 cuill. à soupe de miel

Pour 8 personnes • Préparation : 20 min • Cuisson : 20 à 25 min • Difficulté : 1

1. **Faites griller** les noix de pécan et de macadamia à sec dans une poêle. Hachez finement la moitié d'entre elles, puis hachez grossièrement l'autre moitié. Hachez la mangue et les cerises. Mettez les dattes dans une casserole, couvrez-les d'eau et portez à ébullition. Égouttez-les, puis hachez-les dans le bol d'un robot jusqu'à l'obtention d'un mélange lisse.

2. **Mélangez** les flocons d'avoine, les noix de pécan et de macadamia, la mangue, les cerises, les myrtilles, le son, le lin, les germes de blé, le sel et la cannelle dans un saladier. Incorporez la purée de dattes et le miel à la préparation, puis aplatissez-la dans le moule.

3. **Enfournez** pour 20 à 25 minutes. Laissez refroidir dans le moule posé sur une grille, puis coupez en 8 barres.

Préparez ce sublime gâteau pour les grandes occasions.
Si vous le souhaitez, remplacez les fraises par des framboises,
des tranches de pêche ou de kiwi, ou tout autre fruit frais.

FRAISIER

- 2 cuill. à soupe d'eau
- 1 cuill. à café de gélatine en poudre
- 500 g de fraises coupées en fines tranches
- 100 g de sucre en poudre
- 35 cl de crème fraîche épaisse

Pour la génoise
- 225 g de farine
- 2 cuill. à café de levure chimique
- 1/2 cuill. à café de sel
- 120 g de beurre ramolli
- 100 g de sucre en poudre
- 2 gros œufs + le jaune de 2 gros œufs
- 1/2 cuill. à café d'extrait de vanille
- 12 cl de lait

Pour 8 à 10 personnes • Préparation : 30 min • Cuisson : 35 à 40 min • Repos : 15 min • Difficulté : 2

1. Préparez la génoise. Préchauffez le four à 180 °C (therm. 6). Beurrez un moule à tarte de 20 cm de diamètre et tapissez-le de papier sulfurisé. Tamisez la farine, la levure et le sel au-dessus d'un saladier. Fouettez le beurre avec le sucre dans un autre saladier jusqu'à l'obtention d'un mélange clair et crémeux, puis incorporez-y les œufs et les jaunes d'œufs un par un en battant rapidement pour juste amalgamer l'ensemble. Ajoutez la vanille, puis versez progressivement les ingrédients secs en alternance avec le lait. Versez la pâte dans le moule et enfournez pour 30 à 35 minutes. Laissez refroidir 10 minutes dans le moule, puis démoulez la génoise et laissez-la refroidir complètement sur une grille. À l'aide d'un couteau tranchant, coupez-la en deux horizontalement. Déposez la partie inférieure dans une assiette, côté tranché en dessus.

2. Versez l'eau dans une petite casserole, saupoudrez de gélatine et laissez reposer 5 minutes. Faites chauffer à feu très doux en mélangeant jusqu'à ce que la gélatine soit dissoute. Ôtez du feu et laissez refroidir.

3. Tranchez finement les fraises, puis mélangez-les avec la moitié du sucre dans un saladier. Fouettez la crème fraîche avec le sucre restant dans un autre saladier jusqu'à ce que le mélange forme des becs souples. Ajoutez progressivement la gélatine en continuant de fouetter jusqu'à l'obtention d'une préparation épaisse.

4. Étalez la moitié de la crème sur la génoise dans l'assiette et garnissez-la de la moitié des fraises. Déposez l'autre moitié de génoise par-dessus, puis couvrez du reste de crème et de fraises. Réservez au frais, puis servez.

INDEX

Ananas
Curry épicé à l'ananas 82

Asperge
Cake asperges & olives 89
Flan asperges & courgette 88

Aubergine
Crème à l'aubergine grillée 8
Mijotés d'aubergines 90
Parmigiana d'aubergines 103

Avocat
Soupe glacée aux avocats 34

Bleu
Crostini bleu & noix 14

Boulghour
Salade boulghour & feta 52
Salade boulghour & lentilles 44
Salade boulghour & tomates cerises 44

Brocoli
Gratin de légumes épicé 98

Carotte
Chaussons légumes et fromage 20
Gâteau aux carottes des grands jours 114
Muffins aux carottes 112

Chèvre
Tartines chèvre & tapenade 10

Chou
Ribollita 36
Soupe chou & crostini à l'ail 41

Chou-fleur
Chou-fleur aux tomates 90
Gratin de choux-fleurs 102

Citron
Pizza citron & parmesan 27

Courgette
Beignets de courgettes 12
Frittata aux courgettes 98

Épinards
Croustillants épinards & feta 15
Lasagnes épinards & ricotta 97
Salade épinards & œufs 44

Fraise
Fraises chocolat & amandes 107
Fraisier 118

Framboise
Muffins aux framboises 112
Tarte aux framboises 105

Halloumi
Brochettes chypriotes 23

Haricots
Burgers épicés aux haricots 81
Burgers haricots & boulghour 79
Burgers légumes & boulghour 80
Chili aux haricots noirs 90
Ragoût toscan aux haricots cannellini 93
Salade haricots & oranges 42

Haricots verts
Gratin de haricots verts 100

Lentilles
Salade lentilles & chèvre 54

Mûre
Gratin de mûres 111

Noix
Barres noix & fruits séchés 117
Carrés noix de pécan & sirop d'érable 116
Cookies noix & fruits séchés 112

Nouilles
Nouilles épicées au tofu 85

Œuf
Œufs mimosa 12

Oignon
Crème aux oignons caramélisés 12
Focaccia aux oignons 26

Orge perlé
Orge perlé au pesto de tomates 76
Risotto d'orge perlé aux asperges 75

Parmesan
Palmiers au parmesan 18
Torsades parmesan & sésame 19

Patate douce
Gratin de patates douces 98
Soupe aux patates douces 34
Soupe patates douces & lentilles 40

Pâtes
Bucatini sauce tomate & amandes 57
Conchiglie au chou-fleur 62
Farfalle aux légumes grillés 58
Fusilli tomates cerises & chèvre 59
Gratin de macaroni aux petits pois 64
Orecchiette au brocoli 67
Penne alla caprese 62
Rigatoni sauce tomate & poivrons 60
Salade de pâtes aubergine & poivrons 48
Salade de pâtes grecque 46
Salade de pâtes tomates cerises & bleu 49

Spaghettis épicés aux tomates 62
Tagliatelles aux amandes 62
Tortelli épinards & ricotta 66

Pignons de pin
Cookies aux pignons de pin 112

Pois chiches
Crème pois chiches & avocat 12
Falafels 22
Gratin de pois chiches 96
Houmous à l'ail rôti 9
Soupe épicée aux pois chiches 31

Poivron
Poivrons farcis 98
Wraps légumes grillés & guacamole 16

Pomme
Tarte aux pommes sans moule 108

Pomme de terre
Samoussas 24
Soupe épaisse de légumes 38
Soupe pommes de terre & petits pois 32

Quinoa
Salade quinoa & céleri 53

Raisin
Salade de fruits violets 106

Rhubarbe
Crumble à la rhubarbe 110

Ricotta
Crêpes ricotta & courgettes 86

Riz
Caponata au riz 90
Paella végétarienne 68
Risotto aux asperges 71
Risotto aux épinards 70
Risotto bleu & poires 72
Riz complet aux edamame 74
Soupe riz & céleri 34

Semoule
Taboulé 44

Tofu
Curry tofu & épinards 84

Tomate
Panzanella 50
Pizza grecque 28
Ratatouille 92
Soupe aux tomates 34
Soupe épicée tomates & pâtes 37
Tarte tomates cerises & chèvre 7
Tomates farcies au risotto 94